Мда..

Сегодня я поняла что старею. Нет, я не посмотрела на календарь или на размер обуви моей дочери. Или вырвала очередной седой волос, четко отдавая себе отчет в том, что если так будет продолжаться, рвать, по большому счету скоро будет нечего. Нет. Я просто села в электричку и меня тут же все начало раздражать. Первым делом напротив меня села женщина и начала что-то есть. Откусив это что-то, она пережевывала целые две остановки. Стараюсь не смотреть, но смотрю. Неудобно даже как-то, прямо человеку в рот. Отвожу глаза - открывается дверь и заходит мужик со щетиной, в грязных рабочих штанах, байковой рубашке в клеточку, в 30 градусов жары с термосом в руках и с огромной женской грудью. Помогите...Опять стараюсь не смотреть. Караул. Глаза туда-сюда. Девочка рядом начинает напевать какую-то песенку. Забыв слова, она повторяет одну и ту же строфу не останавливаясь. Это по всей видимости мешает только мне. Жующая особа откусывает еще один кусок, кладет ногу на ногу, облокачивается на колено локтем и начинает мотать ступней. Взад - вперед, взад - вперед. Все быстрее и быстрее, пока все ее тело не начинает двигаться в такт с её челюстью. Мужик со щетиной задумчиво чешет грудь, поправляя бретельку и девочка все дальше ноет ту же строфу. Они что, специально? Наконец-то моя остановка. Я как пуля вылетаю из электрички. Уф, сумасшедший дом. Оглядываюсь. Остановка не моя.

Запах сирени

День святого Валентина пришел и ушел. Как всегда такие дни у всех проходят по разному. Одинаково только то, что женщинам любого возраста, национальности и религиозной принадлежности приятно внимание. И не только тогда когда в желудке революция. Внимание можно тоже проявить по разному, как и разношерстна реакция женщин на оное. Прожив почти всю мою жизнь не в России, я обратила внимание на различное поведение мужчин в разных странах не сразу, а разумеется с возрастом.

Ребенком в Одессе помню только моего отца, ужасно романтично перелезающего через забор в какой-то садик чтобы украсть маме ветку сирени. Наверное по этому запах сирени до сих пор вызывает теплые ощущения в глубине моей души. Не уверена, что в Одессе тогда справляли день святого Валентина и было ли это вообще в феврале. Скорее всего в марте, 8-го числа. Но такое лихое проявление рыцарства осталось у меня в памяти навсегда.

В Австралии мужчины не рыцари. И даже не галанты. Эмансипация женщин запугала их до такой степени, что они боятся даже открыть перед дамой дверь, чтобы не дай бог не быть уличенными в сексуальном домогательстве. Девушки радостно платят за собственные обеды, считая что если их не приглашали, то они никому ни в чем не обязаны. Свобода и равноправие-с…. Секретарш не хватают за зад, коллег не гладят по коленкам. Цветы грустно вянут в магазинах, бальные танцы учат только очкарики и если даме все-таки открыли дверь в машину то это скорее всего "скорая помощь".

Потом я приехала в Вену. И кроме традиционно -галантных венских кавалеров, целующих дамам ручку в воздухе (или только провозглашающих оное), я столкнулась с в интернациональной организации впервые с мужчинами непосредственно из России. Позиция в ООН у меня была не из самых высоких, поэтому по заду меня хлопнули сразу. Правда только один раз. Но хлопнули. Предложения сексуального характера поступали не только от незнакомых неженатых мужчин. Будучи отнюдь не в невинном голубоглазом возрасте, я начала понимать, что не все из этих предложений я получаю по причине моей неотразимости. Проанализировав ситуацию, я решила что скорее отношения между самкой и самцом русского происхождения-это такая сложная стратегическая сексуальная игра, инструкции к которой мне забыли положить в коробку. Или даже не игра, а своего рода кодекс чести. Женщинам показывают интерес в виде превентивной стратегии - чтобы она чувствовала себя женщиной. Я правильно это поняла? Хочется тебе экстрамаритальной связи или нет, если мужчины перестают тобой интересоваться, то это плохо.

Флирт повышает тонус, это биологический факт. И все равно, разобраться в этом лабиринте мне было крайне тяжело. Даже усвоив модус операнди, мне все равно не хватало чуткости понять, где же все-таки проходят границы. Именно в какой момент игривый флирт переходит в ситуацию "обратного пути нет". То есть или падай с коня, или смертельно обижай человека, которого в принципе ценишь как друга или коллегу. О том, что в процессе этого синтеза меня воспринимали как инопланетянку, я уже молчу. Когда мужики из бюро скинулись и впервые принесли мне букет на 8 марта, я наружно обрадовалась и показала себя польщенной. Внутренне, я неимоверно испугалась что каким-то образом создала впечатление, что меня может интересовать групповой секс. Коллеги женского пола меня успокоили и с тех пор я немного расслабилась, но подозреваю что ржали надо мной втихаря и те и другие.

Теперь вопрос к представителям обоих полов, выросших на благородном торфе русской социальной культуры. Что делают в России такие безнадежные отморозки как я? Отсылаются обратно с этикеткой "товар возвращен неиспользованным"? И причем тут сирень?

Что скажут люди или как мы видим окружающий нас мир

❖❖❖❖❖❖❖

Как, как, вроде уже говорили об этом. Своими глазами разумеется. Со своей личной точки зрения. Нашей наболевшей душой и травмами нашего детства. Еще мы его видим с точки зрения наших родителей, прививших нам определенные понятия о гуманности и поведении, как и с точки опоры, за которую мы обеими руками держимся в каждый данный момент. Есть, конечно отклонения. Произвольные и непроизвольные. Произвольные относятся к сферам мистики, а непроизвольные к психопатологии. Как например возможность проецировать себя на другие планы мышления или шизофрения. Больные шизофренией часто отвечают на вопрос "Где вы?", "Я знаю где я нахожусь, но я себя чувствую не на том месте, где я нахожусь". Пространство кажется страдающим этим заболеванием чем-то живым и всепоглощающим. Тело диссоциирует себя от мысли и от пространства, выходит за свои границы и завоевывает другую сторону их "Я".

Когда мне было лет 15-16, самой острой проблемой моей мамы была вот такая диссоциация. Уверена что мистическая. Важнее всего в мире для нее было какое впечатление создает то, что делаю я в моей повседневной жизни на наших друзей и соседей. Причем в круг этих явно легко впечатляемых людей казалось входили даже нам совершенно незнакомые, создавая собой микрокосмос, условно носящий название того города, где мы в данный момент проживали. Например: "Над нами будет смеяться вся Одесса, Рим, Вена, Мельбурн и т.д."

Неужели моя мама действительно думала, что если я разойдусь с мужем номер два, то об этом на следующий день напишут в местной газете? Типа -у нас сегодня с новостями жидко? Как в сознании моей мамы могла появиться мысль, что где-то на окраине Мельбурна, кто-то может заинтересоваться деталями моей личной жизни? Или все выходцы из коммунальных квартир города Одессы, коллективно представляют себе любой город как одноклеточный организм, потому что в Одессе это так и есть?

Скорее всего мама хотела меня просто удержать от совершения неодобряемого ею поступка методом запугивания. И самым веским аргументом ей казалось именно мнение окружающих. "Что скажут люди?" Это парадигм правосудия, наверное присущий всем, живущим в обществе других людей. Из за него мы не ковыряемся в носу сидя за столом в ресторане и не громко пукаем на собраниях при всех сотрудниках. Смачно рыгнуть шефу в лицо часто очень хочется, но осуждается обществом в лице шефа и скорее всего будет чревато последствиями. Из-за этого общественного давления, большинство из нас чувствует себя вынужденными вести себя в рамках законов, установленных обществом и подстраиваться под поведение множества, так называемый мимезис. Если я похож на всех, меня не оттолкнет толпа.

Единственное что мне не нравится в этом механизме, это то что есть тенденция забывать, что толпа не всегда права по определению. Примеров уйма - аутодафе на площадях Европы, погромы, массовые изнасилования на площади Тахрир и т.д.. Испокон веков силой взволнованных масс достигались далеко не всегда благородные цели. Часто просто из -за бессилия индивидуума противостоять общественности (Третий рейх) или из -за врожденной склонности людей плыть по руслу наименьшего противодействия.

Мне за 50. Я плаваю в гормонах. Я становлюсь сварливой, ворчливой, подозрительной и тем же больше и больше похожей на мою одесскую маму. Я начинаю ее понимать, потому что меня раздражают совершенно нормальные вещи. Мне иногда даже птички за окном слишком громко чирикают. Но я так же чувствую что начинаю приобретать что-то бесценное - независимость от мнения других. В моем раздражении нет места для осторожного страха перед тем, что обо мне подумают люди, которым я только что дала оторваться. Нет места и для ложной или вынужденной дипломатии или неуверенности в себе. Еще я научилась довольствоваться тем, что у меня есть. Это мне тоже дает чувство некой независимости и покоя. Покоя и возможности действовать не так, как решила толпа, а так как я считаю нужным. Это, наверное, и есть рай на земле.

Абелярды и Элоизы

Любовь. Бесконечная тема. Сколько уже было написано о ней. Любовь вдохновляет и уничтожает людей всех возрастов. Как устоять? И надо ли? Свободен ли я сделать выбор когда он у меня есть? Будет ли выбор, когда я свободен? Хватит ли духа? А как же *status quo*? Чем отличается любовь от сексуального увлечения? Откуда я знаю что как только мое желание будет удовлетворено, я не потеряю влечение и не буду сожалеть о том, чем пожертвовал ради порыва? Если сексуальное влечение прошло, было ли это чувство любовью вообще? Какую ценность представляют собой банальные привычки и удобство? Можно ли испытывать глубокие чувства к человеку, к которому нет сексуального влечения? Или влечет, но ответа нет?

Вопросов много, ответов тоже. В памяти всплывает, давно прочитанная мною история несчастной любви Абелярда и Элоизы. В анналы истории она вошла как дико сентиментальный роман между двумя интеллектуалами, закончившийся фиаско на чувственном уровне. Молодой ученый, сын рыцаря Беренжера, посвятивший свою жизнь науке, влюбляется в свою ученицу, она беременеет, ее дядя, каноник Фулберт, не проявляя особенного чувства юмора, ловит юношу и освобождает его навсегда от проблем плоти, путем кастрации. Без наследства нужный только богу, Абелярд уходит в монастырь, Элиза, родив сына, тоже и между ними начинается переписка, продолжающаяся до смерти ученого. Наверное все намного сложнее чем нам рассказывают историки. Скорее всего, Абелярд не хотел портить свою репутацию как ученого (ведь для достижения этой репутации он вынужден был отказаться от наследства своего отца)и отправил ослепленную любовью беременную Элоизу в монастырь сам. Дядюшка, расценил это как попытку уклониться от женитьбы и отреагировал соответственно. Через столько лет, эти детали уже не играют никакой роли. Важно то, что невзирая на удары судьбы, заживают телесные раны. Раны нанесенные душе, заживают намного медленнее, если вообще когда - ни будь заживают. Эти любящие все-таки нашли путь друг к другу. Совместная жизнь была для них исключена, но они смогли поддержать пламя своей любви до смерти. Потеряв возможность проявлять свои чувства физически, они возвели их в высшую сферу. Не имея возможности экзальтировать в плоти, они случили свой дух - то что у них не смогли отобрать.

Уйдя в монастырь, молодой Абелярд смирился с судьбой. Зачем это сделала Элоиза? Из-за порядочности? Ведь у ее дяди было достаточно связей и денег, чтобы выдать ее достойно замуж за титул. Обладая свежестью юности и незаурядным интеллектом, она могла найти себе другого партнера, с которым она могла бы общаться на собственном уровне. Вот это, наверное и есть любовь. Не то, что древние греки называли φιλία (Филия, «притяжение»), а ἀγάπη, Агápэ, мягкую, жертвенную любовь, как проявление любви к ближнему, присущей данному человеку в целом.

Сегодняшние психоаналитики, не считающие нужным даже взглянуть в словарь, используют слово "эротика" уже долго, чтобы описать сексуальное, животное влечение. На самом деле, самое важное значение слова Ἔρως, означает нечто более глубокое, интенсивный душевный порыв, будь он частью влечения одного человека к другому, ученого к науке или религиозного человека к богу. Интересно, что утеряв знание определенного понятия, уже тяжело на общем уровне сохранить его ценность. И сознание что единственное, что отличает человека от других млекопитающих, это его инертная возможность управлять своим сознанием. Без этого, даже человек в костюме с портфелем, которому даже не придет в голову поднять ногу под деревом в городском саду, все же не задумывается когда секретарша расстегивает еще одну пуговичку на блузке. Несмотря на то, что женат.

Сегодня утром я испытала чувство "де жа ву". Уже в который раз, убеждаюсь что многие выдающиеся ученые вызывают так называемый "Вау эффект" даже у своих высокочтимых коллег, публикуя мысли, озвученные задолго до них другими. Я не имею ввиду плагиат. Я намекаю просто на то, что действительно великие вещи, необыкновенно просты. И что одновременно одна и та же идея может прийти в голову одинаково мыслящим людям. Недавно я прочитала книгу лауреата Нобелевской премии по экономике, Даниэля Канемана. "Мыслить быстро и медленно". Вся теория основана на разделение мыслительных функций на две системы - Система 1 и Система 2. Не буду вас утомлять повторением содержания. Достаточно сказать, что эти условные понятия описывают два разных способа, согласно которым мы принимаем решения в каждодневной жизни. Система 1 - инстинктивная и поэтому быстрая, а система 2 - рассудительная и медленная. Я читала с интересом, пока меня как не ударило током. Порывшись у себя на полке, я нашла книгу Анни Безант - известного теософа, борца за права женщин, писателя и оратора 19-го века. В ее книге *Thought power, its control and culture*, она описывает двустороннюю основу мышления, разделяя чувственные понятия на впечатления извне, и наши реакции на них, и призывая к индивидуальной тренировке мышления, дабы мы не оказались рабами наших чувств.

Что такого рода воспитание силы воли возможно, есть уйма доказательств. И не совсем надо уходить из мира, чтобы научиться владеть собой. По моему даже наоборот - если уходить из мира, зачем учиться? Ведь без соблазнов нет необходимости принимать решения, правда? И тут мы плавно переходим к теме о смысле жизни...

Смысл жизни

Ну, блин, смысл жизни, ни больше ни меньше. Целый день думала и пришла к выводу, что наверное для всех он значит что-то другое. Для разных людей все различно, даже принципы понятий о добре и зле, как и об истине и заблуждении. И наверное только поэтому, единой нравственности для различных людей и быть не может. Скорее всего смысл жизни каждого человека это стремление к осуществлению своей личной цели. Я уже знаю следующий вопрос, поэтому скажу что целью, наверное, является чувство удовлетворения, на самом деле чудовищная утопия. Эккартсхаусен писал что:" Обратя взор ваш, любезный друг, на мир, увидите вы, что ничто в нем удовлетворить не может." И вот тут, в моем понятии, входит в закон наше правило шурупчика. Не достаточно понимать, что ты только маленький шурупчик в огромном механизме. Надо еще знать, что ты еще и необходимая часть целого, которое, как швейцарские часы, без этого шурупчика двигаться не сможет. И для того, чтобы это целое работало как положено, необходима исправность и гармония.

Каждый из шурупчиков должен выполнять свою работу без помех. Иначе все превращается в хаос. Так можно выявить две условности - гармония(удовлетворения) и хаос(смута). Тождественно ли удовлетворение с довольством? Боюсь что нет. Довольство это скорее игра случая и продукт мгновения. Минута забытья, когда человек, достигнув одной цели, еще не видит дальнейших. Истинное удовлетворение(гармония, счастье) суть скорее покой, состояние в котором нет внутренней борьбы или стремления, возможное лишь только в случаях, когда у человека уже нет ничего, или наоборот - есть совершенно все. Второй момент порождает пресыщение, за которым опять следует хаос. Поэтому Софокл писал что "Покой способны дать лишь глупость совершенная и мудрость абсолютная." А у кого она есть, эта абсолютная? Где ее такую взять? Обычно люди не бывают только лишь глупы или только лишь мудры. Они в себе соединяют оба эти качества и двигаются зигзагообразно. Посему у них покоя и быть не может. Теперь соберем мысли вместе. Наверное смыслом жизни человека должна быть определенная траектория персонального развития. По мере своих сил, каждый должен стремиться найти свою дорогу, способом анализа собственных чувств и выявления (синтеза) представления того, что по их мнению их сможет удовлетворить. И к постепенному, но целенаправленному приближению к этому идеалу. Дабы это дало ему возможность быть качественным шурупчиком в хорошо налаженном организме. Ну, что у нас следующее на повестке дня, квадратура круга?

Психология творчества

Судорожно пытаюсь вспомнить где я читала, что для настоящего творческого полета, поэт должен быть злым и голодным. По моему у подруги Маяковского Лили Брик. По ее мнению сытый поэт не творит, а переваривает. Наверно поэтому мне сегодня так тяжело найти тему. Задумываюсь об этой теории с шоколадным эклером в руке. Не может быть. Ученики Эпикура были особенно плодотворными авторами и большинство выдающихся мыслителей сибаритами. Вспомним кто в прошлом мог себе вообще позволить ваять памятники литературы- не рабы же с приклеенными к позвоночнику желудками, а определенный класс людей, которые даже обеднев находили меценатов, готовых содержать их в обмен на "Глянц и Глорию" созданных ими трудов. То, что греческие философы с гордостью воспевали как "бедность" на самом деле, учитывая идиосинкратичность времен, являлось искусственно созданным микрокосмом безделья, необходимого для возрождения творческих идей. Даже отказавшись от своих земель и большинства своих рабов, они все равно пребывали в блаженном неведении понятия нехватки, содержимые своими учениками, охотно платящими их счета, за возможность принадлежности к элитному кругу мыслителей.

Поэты эпохи возрождения никогда не ходили на работу с 9-и до 5-и, а потом писали ночью при свечах. Ну разве что в приливе вдохновения. Классика французской и итальянской литературы эпохи возрождения возникла на почве, тщательно удобренной жареными ястребами и политой изысканным вином, русские классики страдали сплином от безделья, страдая в немецком и французском "экзилях" и могли месяцами наблюдать как растет в лесу трава. Даже после-революционные таланты, лучше умирали от голода, чем пойти на завод закрутки помидор или работать в колхозе, чьи успехи они так упоенно воспевали в их одах революции. Часто задумываюсь о том, что в определённые эпохи было больше действительно одаренных людей, гордящихся их языком и традициях, имена которых звучат среди столетия и до сих пор вдохновляют орды пилигримов в неисчислимые места. (Задумчиво откусываю кусок эклера.) Призадумаемся вместе. Что нас волновало испокон веков? Ну понятно - наука, медицина и технический прогресс в общем всегда интересовали горстку избранных. Но что двигало массы с тех пор как они смогли себе позволить сначала научиться читать, а потом благодаря Гуттенбергу и покупать литературу?

Узкая тематика всегда находила читателей и прославляла авторов, но что начало их делать состоятельными людьми? Беллетристика. А в чем состоит успех оной? В преподнесении массам злободневной информации в легко усваиваемой форме. Политика, секс, власть и жратва. Хлеб и зрелища. (Нет, эклер действительно отменный.)

И постепенно мы приходим к важнейшей мысли нашего трактата. К его эпицентру, так сказать. Подруга Маяковского по моему мнению была не только сексуально изможденной псевдо -интеллектуалкой, но и таковой находящейся в полном заблуждении, скорее всего вызванном отсутствием в то время анти-депрессивных препаратов, не считая водки. (Щас, возьму еще один эклер - одного явно мало для такого обширного развития мысли.) Живой пример - послереволюционная литература Франции, которую с упоением могут читать только французы. Или притворяться что они это делают - все -таки своя рубашке ближе к телу. И гордиться ею, как они гордятся помпезной могилой Наполеона, провозглашенного национальным героем. Я бы посмотрела на их висажи, если бы немцы отмахали мавзолей Гитлеру на останках Берлинской стены. Это я так, к слову, чтобы визуально описать их менталитет, а не в целях унижения их достоинства. (Как, это был последний эклер? Пора сворачиваться!). Так, о чем мы тут?...Нет, все-таки на голодный желудок писалось действительно лучше...

Кому мешает морда святого лица и почему?

Греческое слово εἰκόνα, как и многие другие старо греческие слова, включало в себе много значений. В классическом смысле однако, оно значит "изображение". Любое изображение. Только с 4-го столетия его начали использовать исключительно для сакрального предназначения - портретов Христа, Богоматери, святых, местных великомучеников, епископов и монахов. Для молодого христианства иконы были новшеством. Но никак не для народа. Испокон веков язычники были уверены, что облик запечатленный на них, каким-то образом сохраняет эссенцию оригинала, его силу, и что через постоянное с ним соприкосновение, можно войти в контакт со святыней.

Язычники жгли благовония перед статуями, рельефами и образами своих богов. Они украшали их цветами и гирляндами и носили их по улицам во время праздников, сопровождая процессии музыкой и танцами. В храме Асклепия больные спали на полу, приносили жертвы и молились о выздоровлении. Хозяйки дома украшали семейные алтари. Предшественниками икон были образы языческих богов, написанные левкасом - слоем воска смешанным с краской и нанесенным рельефом на деревянные дощечки. У всех у них огромные глаза, с темными расширенными зрачками, направленными на нас с любого ракурса. Напоминает ли нам все это о чем-то? Все эти ритуалы выполняли единственную функцию - давать людям чувство, что они не одни в этом огромном страшном мире, и что если им нужна помощь, они смогут ее получить, если очень попросят.

Но меня менее интересуют параллели между христианством и язычеством, которых существует орда несметная, чем явная оппозиция некоторых религий к этим изображениям включая раннее христианство. Интересно, что иконоклазм наблюдается в основном в системах иудаизма и ислама - семитских религиях, в которых женщины традиционно играют только второстепенную роль. Даже в христиантсве, среди противников икон были в основном мужчины, а поклонниками наоборот - женщины. Самыми красочными примерами являются византийские императрицы - Ирина и Феодора. В первом тысячелетии, овдовевшие императрицы правили от имени своих молодых сыновей - и каждый раз опровергали иконоклазм, утвержденный их мужьями и сыновьями. С этой точки зрения, развитие Византийской Империи можно рассматривать следующим образом - мужики спасали империю от арабов, а женщины от художественного обеднения, поддерживая тем самым развитие традиции иконописи, скульптуры, иллюминации манускриптов, мозаики и фресок, тем самым сохраняя то, что мы сегодня узнаем и ценим как типично византийский стиль.

Фактически, не смотря на неимоверное значение иконописи в искусстве, быть не может, что оппозиция боролась только с художниками. На самом деле, у человечества очень старая традиция искать защиту свыше. И с приходом христианства изменилось многое, кроме этой архаической нужды. Монотеизм просто заменил одну картинку на другую и назвал ее своим именем, чтобы избежать оттока из стада. Отцы христианства прекрасно знали, что если они заберут у людей, допустим фигуру матери - кормилицы, так прочно засевшую в психике людей еще со времен Изис, то никакая новая религия не может иметь шанса. Шерше ля фам. Так почему же такая оппозиция? Иконоклазы выдвигали множество веских примеров, как например второй из десяти заповедей, данных Богом Моисею: «Не делай себе кумира и никакого изображения того, что на небе вверху, и что на земле внизу, и что в воде ниже земли; не поклоняйся им и не служи им...». Но на самом деле, как простому человеку мыслить, не используя никаких физических возбудителей? Почти все, что привлекает наше внимание, имеет свое начало в увиденном. Разве сам бог не велел Моисею ваять ручки для Арки из золота в виде золотых ангелов? Для того что-нибудь достаточно живописно себе представить, большинству людей нужен целый арсенал вспомогательных рычагов.

Представьте себе, что вы смотрите фильм ужасов без звука. Уверена, что даже если там будет литься кровь фонтаном, без угрюмой и настораживающей музыки и внезапного повышения тона в стратегический момент, вам скорее всего будет противно, но не страшно. Или завяжите глаза и попросите кого-нибудь из друзей поднести к вашему носу ряд предметов. Запах например, розы, тут же вызовет у вас в воображении облик бархатных лепестков, может быть даже с одиноко скользящей каплей росы. Скорее всего вашего любимого цвета и связанной с каким ни будь определенным моментом в вашей жизни. Запах сыра вызовет либо ассоциацию уютного ужина с друзьями, либо рвотную реакцию из-за молочной аллергии. Таким образом и визуальные возбудители в основном усиливают концентрацию мышления. Это можно подтвердить с помощью янтр в буддизме. Янтра это геометрическая фигура - изображение определенного божества, созерцая которое произносящие молитву (мантру), могут сосредоточиться на 3-дименциональном не телесном восприятии этого божества - его (чистейшем) математическом воплощении. Тем не менее буддисты и хинду не гнушаются формами, представляющими собой альтернативу для воображения.

Вообще, чем старее религия, тем более разнообразны в ней плоскости поклонения и тем менее она пытается заставить своих поклонников поддерживаться строжайших ритуалов и и предпочитает спокойную медитацию рьяному самоистязанию. В этом для меня заключается разница между религией и верой. Вера это ось, за которую человек может удержаться в сложный для него момент. Религия, это чисто иерархическая конструкция, в которой уже только из-за человеческого элемента существует огромный потенциал для манипуляции. Система, позволяющая создавать пирамиду власти, в которой уже в кратчайшее время нет места для возвышенной мысли, хотя бы из-за необходимости создания внутри этой системы политических, экономических и социальных структур.

Особенно нервно реагирует на изобразительное искусство любого вида ислам. Как впрочем и на другие вспомогательные для воображения способы - на музыку, на театр и т.д. Не удивительно, так как вся система непоколебимо зиждется на пьедестале религиозного организма. И прочно находится в руках у мулл, имамов и прочих проповедников. Женщинам запрещается даже доступ к единственному способу существующему в исламе - образованию, как известно напрягающему воображение. Таким образом религиозный аппарат является единственной инстанцией, к которой могут прибежать люди, ищущие покоя и защиты и способен удержать огромную массу людей, находящихся все еще на архаичном уровне, в полной зависимости, и соответственно в повиновении.

Как вы уже наверное поняли, я человек не отличающийся особой религиозностью. Но все равно помню смешанное чувство овладевшее мной в Третьяковской галерее, при виде иконы "Владимирской богоматери". У меня не было сложной жизненной фазы, неуравновешенного состояния или нерешенных вопросов . Я просто гуляла по галерее любуясь произведениями искусства, как все остальные. И все же я задержалась перед этой картиной на минуту дольше чем перед другими. На энергию, явно излучаемую этой картиной, реагировала не я одна - стоящие вокруг люди также казались вовлеченными в ее загадочный круг притяжения. Как фотография сочного шоколадного торта действует на слюновыделение созерцающих ее голодных людей.

Язычество не зря было одной из первых религий. Существуют бесчисленные трактаты, соединяющие визуальные факторы с чувством удовлетворения, хотя бы только в нашем представлении, наших нужд. Как дети, ночью одни в постели сжимающие в руках маленькое одеяльце чтобы уснуть - иногда вплоть до времени сексуальной активности, когда им уже просто становится стыдно что партнер увидит дырявую тряпку, дающую им не сказуемое чувство комфорта. Ведь оно позволяет думать, как и в случае персонального идола или маленькой картинки в левом кармане, что пока оно есть, все будет хорошо - страшные демоны не выползут из шкафа, плохие дяди останутся на улице и все остальные тараканы будут сидеть в своих углах. Забери у ребенка это одеяльце - он будет искать ему замену. И хорошо если дома и традиционными методами.

Без названия

Мне никогда не бывает скучно. Иногда бывает страх не успеть сделать всего что хотелось. Прочитать, посмотреть, обсудить, продумать. Быт съедает кучу ценного времени. Паника. Тяжело совмещать домохозяйство с отшельничеством, это взаимно противоположные вещи, постоянно борющиеся во мне. Наверное это судьба всех близнецов. По крайней мере так говорят, я в этом мало что понимаю. Знаю только что иногда общение это тягость а иногда - необходимость. Голосов не слышу, спасибо хоть за это. Чувствую только тяжесть, где -то в глубине возрастающую агрессию и желание отполировать рожу собеседнику, увлеченно рассказывающему мне о его предстоящей операции по удалению геморроя в мельчайших деталях. К моменту когда этот же собеседник начинает жаловаться на погоду, мое терпение лопается окончательно. Помогите.

Люблю свою семью. До самопожертвования. И все равно иногда задумываюсь, смогла бы я жить в монастыре, вдалеке от всего мирского. Сомневаюсь что меня бы это спасло от жалоб на геморрой и погоду. Для жизни в пещере отшельником, моя нежная спина явно не приспособлена. И на фига нужны интересные мысли, если с ними не с кем поделиться? Тем более что они у меня совсем не возвышенные, относящиеся к единой цели. А в общем-то хаотично сопоставленные, без явной траектории и подверженные энтропии похлеще комнаты нашей пятнадцатилетней дочки.

Короче, пещеру и монастырь отметаем как неэффективную утилизацию в общем-то довольно сносной спины. Какие у меня еще опции? Когда-то читала про коммуны гностиков и катаров. Дни, проведенные в медитации, учении и молитвах. Совместные трапезы, во время которых можно обменяться мыслями, оживленные дискуссии и никакого гендерного разделения и дискриминации. Привлекательно. Посмотрим…э-э-э, подождите, интеллектуальный аскетизм это одно. А сухой хлеб с солью на ужин это уже совсем другое. И что это за ерунда с хороводами? Я вам что, простите, на лужайке или в детском саду? А без хороводов можно? Не лезьте в нашу коммуну со своими уставами? Ясно.

Тут мне надо на секунду отвлечься. Дочка спрашивает можно ли поправиться от воздуха. Отвечаю: несомненно. При этом отмечаю что особенное скопление этого вредного воздуха наблюдается в основном вокруг пирожных. Они его просто магически притягивают. И если его проглотить, он тут же откладывается на животе и боках. Научно проверенный факт.

Далее должна признаться что суровый аскетизм это не совсем мое. Грустными глазами обвожу квартиру. Если бы мне сегодня предложили удобный кондоминиум в монастыре и надо было срочно решать что взять с собой, я бы просто сошла с ума. Хотя, если подумать, ладно. Сойдемся если мне можно взять с собой мужа, дочку и вай фай. И пару пирожных.

Зачем нам все это надо?

По причине обыкновенного войеризма присущего почти всем представителя человеческого рода, мы смотрим раз в месяц здешнюю телевизионную программу "Akten XY". Речь идет о преступлениях совершенных в Германии, расследования которых зашли в тупик. От зрителей полиция ожидает помощи. Кошмарные убийства, ограбления, изнасилования и со. привлекают внимание народа намного сильнее чем любовные романы. Секрет этого заложен в человеческой натуре - мы закрываем двери на три замка, перестаем выходить на улицу поздно вечером, грызем ногти до тех пор, пока наши дети не придут из школы домой. Мы проверяем наши виртуальные банковские счета, оглядываемся вокруг идя по улице и не открываем двери почтальону. И все равно смотрим эти программы. Чем хуже, тем лучше.

Все, что в них показывают, нам далеко не ново. Еще Луций Апулея, пребывая в образе осла, подслушивал рассказы разбойников о том, как они прибывая в новый город "на работы" некоторое время присматриваются к окружению, особенно прослеживая дорогие дома и привычки их хозяев. Мы все это знаем. Читали, смотрели и слышали. И все равно не можем устоять перед соблазном. Как только появляется малейшая возможность, мы заражаемся вирусом приобретения. Ну еще только вот эту штучку. Все, последнюю шмотку. Ах, вот такую машину. А у соседа дом все равно дом выше и шире, хотя у меня длиннее. А потом сидим и боимся, завешивая окна, баррикадируя двери и монтируя новейшие виды наблюдательной аппаратуры. Зачем нам это надо? Почему мы не умеем жить просто и почему нам всегда чего-то не хватает?

Вчера дочь пришла со школы и пожаловалась на свою соседку по парте, которая спросила сколько пар сережек у нее есть. Девчонки обожают дешевую бижутерию и дарят друг другу на дни рождения несметные количества этого барахла. 25, гордо сказала Амели. Ха! Беднота! У меня их 50 а то и больше. Молниеносная депрессуха. А зачем ей 50 пар сережек, поинтересовалась я. У нее что, 50 пар ушей? Ладно, у меня тоже не четыре, но эту проблему надо было возвести в перспективу. Кажется сработало. Ну минимум на один вечер. Сегодня дочка приносит домой еще одну пару серег. Дискрепанцию это конечно не выровняло, но на сердце полегчало.

Неужели мы все такие? Неужели все, что составляет наше бытие, это наша возможность блеснуть в обществе, и не обязательно остроумием. Во что мы превратились, черт побери? Доставляет эта мерка символами статуса нам удовлетворение? Если да, указывает этот факт на наши слабости или наоборот, дает нам способ укрепить наше место в общественном порядке, как это делают олени или гориллы? Все таки глупо было бы, если бы наши мужья начали себя стучать по груди или обламывать друг другу рога. Да еще и с целью привлечь чем больше самок? Нет уж. Нет? Не возбуждает ли очередная побрякушка в ушах у других самок желание поплескаться в источнике эдакой щедрости? Ну хоть временно? Единственную реакцию, которую у меня возбуждает эта демагогия, это избить мужа в целях профилактики, выколотив жемчуг из серег, растворить их в уксусе и выпив все это залпом, уйти в монастырь. Останавливает меня только одна мысль...что если никто не заметит?

Обещанное Лере про босса в X

Вышеупомянутый уже лет как 7 ушел на пенсию. Я думаю что теперь всем по барабану, пишу ли я о нем мемуары в "Одноклассниках". Строго говоря это история про меня и не содержит никакой информации о атомных ресурсах стран-вкладчиков, о которых мой босс все равно не имел никакого понятия. Понятия он не имел вообще-то ни о чем. Хотя бы связанным с атомными реакторами. Как он стал директорам отдела информатики в X?

Ничего проще. Он был замбийцем. И не просто каким-то там, орды которых фланируют по Елисейским Полям, а самым настоящим пигмеем. Шведские миссионеры, находясь в Замбии, взяли его ребенком к себе на воспитание (он скорее всего был интереснее чем их матроны с явно выраженной задней частью), а потом усыновив (не убить же его бога ради, миссионеры все-таки), притащили его с собой в Упсалу.

Там, его в качестве раскаяния послали в школу, и пошло - поехало. Все, чего ему не хватало в образовании, характере, эрудиции и опыте, он вполне наверстывал через контакты в Шведском консулате, рекомендацию в который он получил от тех же меценатов. Представителей Шведского посольства просто распирало от гордости из-за возможности показать какие они авангардные и каких говорящих пигмеев они могут предоставить X. Его таскали на все приемы, как мавра в ливрее и протолкнули как инспектора.

Потом, все же убедившись, что для определенного типа работы ему не достаточно уметь говорить, они постепенно начали избавляться от него по направлению вверх, надеясь что там он не сможет натворить много бед, охраняемый толпой экспертов. Дудки. Как говорил отец одной моей коллеги, физик из Курчатовского института: если бог нам должен выдавать дураков, пусть они хотя бы будут пассивными. Пигмей обладал деструктивной энергией Эйяфьяллойёкюля. Он двигался и орал постоянно, создавая вихри, затягивающие весь отдел в никому не нужные проекты, единой целью которых была его амбиция отхватить все больший кусок от бюджета, создавая впечатление что в отделе все жужжит.

Пример: у него появлялась идея. Тут же созывалось собрание начальников. Человек двадцать профессионалов информатиков, битый час пытались объяснить полному дилетанту в оной же, нуждающемуся в моей помощи, чтобы утром проверить электронную почту, что так как он себе это представляет, компьютеры в принципе не работают. Так же как их нельзя утром послать за молоком. Он их всех терпеливо выслушивал, потом совершенно спокойным голосом объяснял, что они все полные идиоты, что эту идею он уже провозгласил почти разработанной на Генеральной Ассамблее, и что если они не построят компьютер дающий молоко, то по окончанию их контрактов они все могут себе искать работу на молочной ферме. Так как с аттестациями которые они получат от него, в области информатики им уже искать будет нечего. Понятно?

Все его проекты умирали естественной смертью в конце каждого фискального года. Но к этому времени, его неутомимый суб-интеллект, уже вынашивал следующее дитя, которое опять надо было вскармливать у груди международного фонда. Утомить его было невозможно. Он был занят целый день. но у него все равно хватало времени (несмотря на наличие жены и трех детей), на бесконечные шуры-муры с наивными женщинами, надеющимися на льготы, связанные с его позицией. Что они не бессмертно в него влюблялись из-за его внешности, было ясно ему самому. Поэтому от завоеваний он избавлялся быстро, чтобы им не надо было давать длинный контракт, что могло быть чревато проблемами. "Я очень старался тебе помочь, но видишь ли, против системы я бессилен", срабатывало в принципе каждый раз. Но один раз он все-таки промахнулся.

Будучи вертикально ущемленным, его тянуло к женщинам головы на четыре выше его, в качестве компенсации. Из-за этой критерии он взял себе в любовницы огромную лоснящуюся нигерианку. Еще ему льстило, что они находились на одном интеллектуальном уровне. В порыве любви, он отправил одну из свох ассистенток в отпуск, поселил в ее бюро свою любимую лошадь и отдал ей в распоряжение комп, ново выписанный для одного из программистов. То есть одним махом, они себе сделали кучу новых друзей. Но зная темперамент Калигулы, все молчали, и все было бы нормально, если бы Инцитат не возомнила себя любимой женой вождя этого племени, со всеми положенными ей льготами.

Она повесила в бюро огромный портрет самой себя в красном бюстгальтере, включала комп, нужный программисту позарез, исключительно для использования нигерианских "Одноклассников", и придя на работу и отбив карточку, громовым голосом оставляла инструкции персоналу о том, что она "сейчас едет в город шоппинг, и будет к трем, если шеф ее будет искать".

Ладно, работы от нее никто и не ожидал, так как мы все имели довольно смутное представление о том, что она собственно там должна была делать, кроме очевидного. Но в этот момент, вы можете поинтересоваться, какое отношение все это имеет ко мне.

Поясняю. Будучи персональным административным ассистентом вышеописанного Дон Хуанито, мое рабочее место находилось непосредственно перед его кабинетом. Вихри и меня не обходили стороной. И его завоевания тоже. Так как я уже на этой каторге находилась четыре года, то все ее выкидоны меня не удивляли никак - мы еще и не такое видели. Тем более я обладала ценной информацией - я знала чем и как быстро это все закончится - скандалов он не любил. На это у него хватало ума. И когда любимой не продлили контракт, я это знала на несколько недель раньше ее, так как собственноручно носила оный на подпись в отдел кадров.

В тот день когда это узнала Большая и Блестящая в красном Бюстгальтере (коротко БББ), я как всегда сидела у себя за письменным столом под кучей корреспонденции. Утром она получила последнюю сочную зарплату с повесткой о том, что она суть последняя. В БББ закипела кровь ее предков. Ей хотелось ворваться в кабинет предателя -пигмея и придавить его лакированным каблуком как клопа. Но она не могла. Все-таки директор отдела и может быть не все потеряно. Но внимание к себе привлечь надо было всеми силами. Я, так сказать на блюдечке.

Как начать? Очень просто. Оказывается я не ценю ее работы и отношусь к ней со снисхождением. И все на предельных для человеческого уха децибелах. Я, прекрасно зная где тут собака зарыта, пытаясь смыться от греха подальше, подхватываю две-три папки и ухожу вроде за подписями на другой этаж. Ее крики слышно и там, невзирая на пуленепробиваемое стекло, и тот факт, что орет она в моем бюро совершенно одна, надеясь что пигмей выйдет. Он не дурак, прячется. Долго не походишь - с меня спрос другой, я вернувшись нашла ту же картину, только теперь пигмей не выдержав напора и перевоплотившись в Калигулу, высунул голову из своей ямы и приказал нам ОБЕИМ прекратить ругаться и немедленно зайти в его кабинет на разборы.

Тут я, озверев от такой вопиющей наглости, потребовала чтобы они перестали притворяться и разобрались сами в своем болоте. Последнее, что я увидела, это огромный, усеянный дешевой бижутерией кулак БББ целящейся в мою челюсть. И последней мыслью в этот момент, было: "О. Давай, глупышка, посильнее", как и наглая ухмылка человека, знающего что с этого момента, я реально имею шанс стать вице-директором этого отдела.

Директор среагировал первым, пытаясь выпроводить дуру из кабинета, но я ковала железо вовсю, пригрозив что начну кричать, одновременно набирая номер телефона охранников. Дуо стажеров очень старались убедить охрану и отдел кадров в том , что я спровоцировала данную ситуацию. И я могу себе представить истерику в газетах на следующий день, если бы это мой белый кулак утонул в ее челюсти. Но, фискальный год подходил к концу и с ним терпение высокопоставленных чиновников. Карты пигмея выпали в этот раз по другому. История закончилась 3:0 в мою пользу. БББ уволили на месте. Мне тут же предложили работу на повышенном уровне, и с незначительным количеством шантажа мне удалось заставить директора, брыкаясь, меня отпустить из отдела.

Несколько лет спустя, мне в руки попала книга Кавалли и Сфорца о демографическом передвижении генов. В ней они описывали, что пигмеи в Африке, находятся на социальном уровне неприкасаемых в Индии. Если даже изредка мужчина из другого племени может жениться на пигмейке (они считаются особенно плодовитыми), то ни одна женщина себе не позволит выйти замуж за такового. В лучшем случае им разрешают подойти к забору деревни, чтобы продать или обменять их добычу на предметы обихода. Все понятно?

Меня зовут Мари-Селин Дюндель, и я не нуждаюсь в книжном контракте, чтобы показать, что французские женщины лучше всех остальных с любой точки зрения. Наш секрет заключается в отношении к жизни. Возьмем, к примеру тему похудания. Американская женщина зациклена на каждой калории и приседаниях, в то время как во Франции у нас даже не существует слова для жира. Если женщина тучна, мы просто называем ее американкой. Всякий раз, когда моя подруга Жан-Элен поправляется на несколько фунтов, я ей говорю, "Жан-Элен, Вы скрываете по крайней мере двух американцев под своей юбкой, и ваши плечи выглядят, так сказать, очень Огайо."

Чтобы поддержать мою фигуру, я ем только половину любой еды, всегда выкладывая ее на тарелке в форме точки с запятой. Для физкультуры, минимум один раз в день, я приближаюсь к полному незнакомцу и даю ему по морде. И каждый вечер, пообедав, я читаю один параграф из любой работы популярной американской литературной беллетристики, которая вызывает у меня рвотные рефлексы.

Что касается семейной жизни, американцы слишком обеспокоены чувством собственного достоинства и выполнениями желаний своего ребенка. Французская женщина знает, что, чтобы укрепить внутреннюю силу ребенка, его лучше всего или полностью проигнорировать или унизить. Например, во время родов моей дочери, я отказалась выпустить из рук свежую копию французского Vogue. Когда все было закончено, я повернулась к моему мужу и заметила, "У меня только что было необычно большое движение толстой кишки, которое никогда не будет так же привлекательно как я." Во время вечеринки по случаю тринадцатого дня рождения моего сына я приказала ему раздеться и сказала собранным гостям, "Вы видите? Именно поэтому мы воспитали его как девочку." Моя мудрость может быть приписана влиянию моей собственной матери. Когда мне было пять лет, я спросила ее, "Что такое любовь?" Она взяла мое маленькое, подобное цветку лицо в свои тонкие руки и ответила, "На что я похожа, Йода?"

Французская культура остается непревзойденной. Наши фильмы это удивительные фарсы, иссушающие документальные фильмы и мучительно спокойные исследования семейной жизни. В этих фильмах, чтобы избежать вульгарности, ничего не происходит, и ни одно из лиц актеров никогда не двигается. Французское кинопроизводство недавно достигло пика с почти полностью немым фильмом "The Artist.", получившим "Оскара". Истинные знатоки утверждают, что окончательный французский фильм будет фотоснимком мертвой пантомимы.

Французская женщина дала так много миру. Одна только Мария Антуанетта вдохновила книги, фильмы, оперы, как и прическу и перспективу Дональда Трампа. Наша бывшая Первая леди, Карла Бруни-Саркози, является не только образцом для подражания, но и экс-моделью. Но самым великолепным и вечным символом французской женственности остается, конечно, Жанна д'Арк, потому что она была сигаретой.

Нам всем знакомы работы известных философов. Даже если мы их не читали, мы все равно, еще со школьных дней знаем кто такие Аристотель, Платон и Сократ. Мы краем уха слышали о Спинозе и Декарте. Мы пожинаем плоды демократичного строя, краеугольным камнем которого были не только законы Солона, но и мысли Канта о уважении человеческого достоинства. Эти идеи дошедшие до нас в их рукописях и изданные- переизданные сотни раз, в томах содержащих комментарии людей, которые не только таки читали их работы, но и заботились о том, чтобы они не исчезли из памяти человечества совсем, объясняя, упрощая, раскладывая по слогам и разжевывая их для нас, людей которым греческие оригиналы уже не по зубам.

Иногда я задумываюсь о том, что далеко не все великие мысли дошли до нас. Сколько утерянных навсегда перлов ненаписанной или утерянной литературы существует в мире? Сколько всего продуманного в день даже нами самими, мы артикулируем вне? И хорошо это для нас или плохо?

Возьмем, к примеру, Ветрува. Имя этого великого архитектора творящего в первом веке до нашей эры, мы знаем вообще только потому, что Леонардо да Винчи, вдохновленный его идеей совершенного человека, запечатлел его в своем известном эскизе. На самом деле, его манускрипты сыграли огромную роль в развитии искусства и архитектуры Эпохи Возрождения и были даже переизданы, но только тома 2 до 12. Куда делись два первых тома? А никуда. Они существуют в единственном экземпляре в Клуни. Почему?

А потому что в них не пишется как ваять и строить, а обсуждаются идеи взаимоотношения между изваянным и построенным и самоощущениями людей, живущих в построенном и созерцающим изваянное. Интересно? Исключительно для тех, кто платит, но никак ни для тех кто строит. Явно, что в отношениях между продавцом и покупателем, за две тысячи лет ничего не изменилось. Гони деньги, а после нас, хоть потоп. Другими словами, высчитав пропорцию совершенного человека (квадратуру круга?), Ветрув также показал, что большинство архитектурных памятников, воздвигнутых сильными мира сего, им не подходят. Так как иллюстрируют их попытки увековечить свою полную не совершенность в гигантских масштабах - смехотворное сравнение в глазах перфекциониста Ветрува и иголка в глазах многих правителей.

Да и сегодня, в век Метрополей, когда большинство людей и не помышляют о увековечивании себя в памятниках архитектуры, и вполне удовлетворены декорацией квартиры в многоэтажке. Для чего им измерять свои конечности и удостовериться в том, что размеры и форма их квартиры математически соотносятся к длине их левого мизинца? Какие квалификации нужны сегодняшним архитекторам, если уже и без того, многие заказчики не принимают законченный объект без штампа от их мастера

Фэн-шуй? Которому и так приходится делать скидку на отсутствие присутствия Великого Дракона в форме специальной формы горы, непосредственно перед домом покупателя или журчащего источника, как и других благоприятных знаков, необходимых для благополучия вселяющейся семьи. Где их столько набрать этих драконов? Подобных примеров уйма. И все же.

Фрайбург

"Боже, неужели я опять забыла позавтракать?", подумала я, прислушиваясь к моему бурчащему желудку. "Похоже". Я поморщила лоб и осмотрелась вокруг. Умереть с голода на базаре еще не удалось никому. Девять утра. Продавцы только закончили устанавливать свои ларьки и шумно отхлебывая горячий кофе из термосов, болтали друг с другом, за отсутствием покупателей. Во Фрайбурге никто не торопится ничего покупать. В центре все магазины открываются в десять и тогда город начинает медленно просыпаться, оживать и в такой дождливый день как сегодня, мелькать плащами и зонтиками. Поэтому я уже на базаре. О нет, не потому что я не люблю людей. Индивидуально я нахожу некоторых из них довольно симпатичными. Это когда они сплотившись, превращаются в неистовый термитник, я их пытаюсь обходить стороной. Как работает психология людей, в одну минуту спокойно завтракающих, а в другую превращающихся в ругающуюся и толкающуюся массу, я наверное не пойму никогда. С другой стороны я прекрасно понимаю, что если все усвоят мою философию, делать мне на базаре в девять утра будет уже нечего. А так у меня есть время.

Я подошла к окошку вагончика и заказала себе тонкий блинчик и чашку кофе. Продавец тут же взялся за работу. Привычным движением руки он вылил половник жидкого теста на сковороду и принялся его методично размазывать. Я, засунув руки в карманы штанов, наблюдала как он ловко сворачивает блинчик в трубочку и густо посыпает его сахаром с корицей. И тут прозрение меня ударило как молния. Я поняла, что мне этот продавец совершенно безразличен. Что меня в данный момент больше интересует блинчик с кофе, чем человек, который их так старательно приготавливает. И не только он. Другие продавцы тоже. И начинающие появляться на базаре люди. Старухи в не промокающих шляпках с корзинками, дамы в элегантных плащах и небритые мужики с висящими в углу рта сигаретами. Без-раз-лич-ны. "Ужас -то какой", подумала я. "Как же это так? Разве это правильно? Разве не построено все наше общество на теории, что мы должны любить своего ближнего?" Но при мысли того, что мне все люди на этом базаре безразличны, приятное тепло полного спокойствия разлилось по моему телу вместе с первым глотком пахучего кофе. "Но почему, собственно ужас?", подумала я. Какому из этих пробегающих мимо ближних не совершенно равнобедренно, завтракала я сегодня или нет? Или завтракаю я по утрам вообще, когда -ни будь. Сколько у меня детей, проблем и экзистенциальных страхов. Они же меня в упор не видят, занятые собственными делами и пробегая мимо по мокрой мостовой. А может в этом и прелесть? Может это массовое безразличие людей друг к другу и дает нам возможность сосуществовать вообще? Смогли бы ли мы, например, сосредоточенно вчитаться в роман сидя в электричке, если бы наши сердца были бы вдруг постоянно переполнены невыносимой любовью к ближнему? Сомневаюсь. В порыве таких чувств, мы бы вместо чтива, лихорадочно всматривались в лица окружающих, в поисках подтверждения этих чувств - заботы, сочувствия, любви или неодобрения, а скорее всего - возмущения всем неправильным. Как Стефан Нессель писал: "От глубины моей души, я желаю всем причины возмущаться, потому что это бесценно".

Другими словами, таким образом мы можем всему миру показать насколько мы глубоко моральны и этичны. И как нас ущемляет все попирающее эти ценности. А может это постоянное возмущение и является той взрывчаткой, которая порождает неудовлетворение и раздор между людьми, так же являясь спиралью самоуничтожения нашего общества как такового? Ведь настоящая человеконенавидесть суть абсолютная противоположность безразличия. А Безразличие спокойно и дружелюбно, оно не воспаляет ум и не вызывает язвы желудка. Если моя теория правильна, то получается что Религия и Мораль, тысячелетиями индоктринировали нас делать противоположное, разжигая этим очаги ненависти. Зачем? Чтобы принести нас в жертву на алтаре Этики? Этика в принципе и живет тем, что создает впечатление, что любое "Безразличие" это плохо и должно у нас вызывать угрызения совести. Так как согласно ей мы "должны" всех любить и уважать. А что, если она неправа? Что если бы можно было создать Этику заново, вкладывая в нее понятие "Безразличия"? Вместо ненатуральной, контрафактной "Обязанности любить"? Не дало ли бы это совсем новое значение модерновой светской жизни, объявляя ее совершенно нормальной, вместо того, чтобы ее постоянно оправдывать? "Боже, какая, же это все-таки гадость, холодные блинчики..."

Недоступное сделать доступным

Возвращаюсь к теме "недоступное сделать доступным". Действительно интересно. Издавна мучает человечество этот вопрос. Как персонально так и на массовом уровне. Так что, на самом деле есть "недоступное" и "доступное" и какие рычаги действуют в отношении сопоставлений этих двух понятий? "Недоступное", наверное просто то, чего у нас нет, хотелось бы иметь и по каким-то причинам нельзя купить, получить в подарок, украсть или забрать. "Доступное" напротив, это то что было, есть и давно надоело. И наверное к обоим относится как материальное, так и интеллектуальное имущество. Тут, пожалуйста, поправьте меня если я неправа, срабатывает механизм осознания того, что чего-то не хватает. Как Платон, описывая свой идеальный город, как место в котором у всех достаточно хлеба, воды, и соломы чтобы спать, получил в ответ от своего собеседника вопрос -вы дорогой что описываете, город или хорошо ухоженный свинарник? Еще один пример - сестра скептика Перрона, заявившего, что женщина никак не может быть хорошим вспомогающим орудием для обретения спокойствия, парировала его теорию собственной. Согласно ей, не будь их совместной жизни, Перрону бы и в голову не пришло бы оценить полное спокойствие как что-то хорошее. Так что, нет осознания- нет и понятия недоступности желаемого.

В то время как недоступным для низшего слоя общества всегда являлся определенный образ жизни, например, дворянства, для самой знати никакого вида занятие не было достаточно хорошим, чтобы на него потратить их ценное время. Запутанные в бесконечную сеть забав - фехтование, верховую езду, охоту за четверо- и двуногой добычей, их существование постепенно теряло явный профиль и цель. Полное отсутствие недостатка породило скуку и меланхолию, естественным исходом которого были либо самоубийство, либо создание искусственных стремлений. Неважно в каком направлении. Будь это безнадежная любовь к благородной замужней женщине (Петрарка), полный уход из мира (Абелярд) или стремление к военной славе (многочисленные другие случаи), порожденные скукой страсти всегда давали повод сожалеть о выбранном пути и до конца жизни сомневаться в верности выбора. Благородство, вероятно стало побочным эффектом этого бесцельного болтания в проруби безделья. Другими словами, благородство превращалось в самоцель, будучи, как и другие стремления, только общественной игрой, нуждающейся в антагонизмах для создания внутреннего двигателя, без которого самоубийство было бы единственной альтернативой.

Для лучшей иллюстрации возьмем такого храброго рыцаря и назовем его Сан-Жермэйн. И представим себе, что у него, занятого своими турнирами нет никаких постоянных увлечений и нужд. До того времени, как он внезапно встречает госпожу Р. Попеременно бледнея и краснея от переполняющего его сердце желания, он пытается встретится на ее пути как можно чаще. Сначала робко, потом даже пытаясь с ней заговорить. Но все напрасно. Сердце госпожи Р. принадлежит другому и она слишком благородна для того, чтобы ублажать двух галантов. Все это продолжается то тех пор, пока избранный госпожи Р. в конце концов не умирает, измученный ревностью и постоянными размышлениями о возможной измене госпожи Р. с Сан-Жермэйном. Теперь она свободна и ничего не стоит на пути нашего рыцаря к его счастью...кроме собственного благородства. Оказывается брат госпожи Р. во время турнира выбросил из седла его, Сен-Жермэйна кузена, тем самым безвозвратно запятнав честь их дома. Само собой разумеется, что при таких обстоятельствах, никакой связи между ними быть не может, с точки зрения благородного дворянина. Этот нерешаемый конфликт, заставляет несчастного рыцаря уйти в монастырь, в то время как госпожа Р., в переплете интриг не найдя другого покупателя, умирает в одиночестве. Сен Жермэйн доживает свои дни чистя морковку в монастырской кухне, проклиная свое благородство и размышляя о том, смог ли бы он остаться верным госпоже Р., если бы он ее добился или все таки, в конце концов, пресытившись ее прелестями, он уделял бы больше внимания своему арабскому жеребцу. Ни одна, ни другая версия Сен-Жермэйна не удовлетворяет.

В том, что отношение к недоступному сегодня не изменилось никак, я даже не сомневаюсь. Думаю, что в тот момент, когда недоступное становится доступным, оно теряет свое очарование и быстро надоедает. Осознавая это, люди создают себе кумиров, для того, чтобы не переставать желать...

Далее к теме "Недоступное сделать доступным"

В каком-то лохматом году, в немецком графстве Анхальт, в семье бедных фермеров по фамилии Фаустус (по-нашему Кулаковы) родился сын по имени Йоханнес (по-нашему

Ванька). Ребенок рос в бедноте, да не в обиде. Косил траву, кормил коров и наслаждался здоровой деревенской жизнью. Пока его дядя, зажиточный кулак у которого не было наследников, не решил вмешаться в эту идиллию. Заметив смышлёность парнишки, он взял его к себе, воспитал как собственного сына и когда пришло время, послал учиться в высшую школу в Ингольштадте.

Ваня получил титул магистра и пошел бы далеко, если бы не попал в плохую компанию. Легкомысленные молодые люди занимались тем, чем они занимались всегда - тем чем не надо. В конце концов, Ваня докатился до того, что оставил высокоуважаемую учебу теологии и огорчив своего дядю до полусмерти, заявил что станет врачем. Параллельно этому презренному ремеслу, оставляющему много интеллектуальной энергии неиспользованной, он увлекся астрономией, начал составлять гороскопы и даже достиг определенной славы в этом ...Все это было не так страшно если бы он на этом остановился. Но эта эзотерическая трясина оказалась слишком глубокой. Через три года, Иван выстрадал диплом доктора медицины. Дядя умер от огорчения оставив ему свое состояние, которое было достаточно веским чтобы позволить Ивану полностью окунуться в свою лженауку с головой.

Все более и более отходит Иван от общества. Все глубже и глубже вникает в секреты древних писаний и проводит время вычитывая в старых фолиантах секретные иероглифы, заклинания и астрологические знаки, открывающие (как ему кажется) тайны древних магов, способы предсказания будущего, привлечения счастья и несчастья , гео-, пиро, некро- и всякой другой -мантии. Чем именно он окуривал свой домашний алтарь, неизвестно, но в какой-то момент он почувствовал как у него начинают расти крылья. Чем сильнее др. Кулаков себя чувствует, тем сильнее в нем возгорает желание овладеть самым из могущественных духов из всех - Сатаной.

Обладающий здоровым чувством юмора Сатана, никогда не любит пропустить повод порезвиться за чей-то счет. Потомив зарвавшегося доктора ритуалами (для правдоподобия), он появился в хоромах мага-любителя и обяснил ему , что сам грязной работой не занимается, но у него достаточно шестерок и он пришлет ему своего верного слугу Мефистофеля, который будет сопровождать его, Кулакова до конца жизни и исполнять все его желания. При одном условии. Вернее при шести.

1. Доктор обязуется отказаться от бога и всей его свиты.

2. Он станет врагом человечества, в особенности людей, хотящих наказать его за безбожный образ жизни.

3. Не общаться со священниками.

4. Не ходить в церковь.

5. Не жениться и ненавидеть семейную жизнь.

Шестой пункт он так и не разобрал. Прочитав мелкий шрифт, Др. Кулаков не смог обнаружить в контракте никакой разницы в его настоящем образе жизни. И решил, что Сатана сам обманщик, поэтому выкрутиться как-нибудь он сможет потом. Что контракт действителен 20 лет, а за это время много воды утечет. Со спокойной душой, он подписался собственной кровью, как и положено для такого торжественного момента.

Согласно контракту, Сатана сдержал свое слово и послал Кулакову своего слугу, который появившись в монашеской сутане, хмуро ему объяснил, что у него и без Кулакова дел по горло, раз шеф сказал, придется волынить, но пусть Кулаков имеет ввиду, что для него, Мефистофеля 20 лет пройдут как миг, в то время как доктору это мало не покажется если он ему будет портить нервы. Самое позднее в этот момент у Кулакова должна была загореться лампочка, но предвкушение власти и богатства затуманило его хрустальный шар. Высмеяв Мефистофеля за маскарад в сутане, он приказал ему переодеться и заняться работой, так как время-деньги. И прекратить дурацкое появление сзади а то так можно получить инфаркт и не дожить до конца контракта. На предложение повесить ему на шею золотой колокольчик, Мефи разозлился и ответил что если Кулакову нужен был шут, надо было такового заказать а не морочить голову респектабельным духам его, Мефистофеля калибра. И если Кулаков не перестанет над ним издеваться, то он готов предоставить ему доказательство, что 20 лет для Вселенной действительно являются одним мгновением.

Так они и жили вместе, ругаясь как пара старых педиков, 20 лет. По приказу своего временного хозяина, дух таскал в дом деньги (унаследованные от дяди доктор уже прокутил) и баб, яства и вина, удовлетворяя все его прихоти, оплачивая его игровые долги, ублажая кредиторов и прячась за его спиной, творил чудеса для развлечения высокопоставленных гостей и меценатов. Доктор жил как кот в сметане. 19 с половиной лет пролетели незаметно. Мефистофель, у которого алчный, ненасытный и неблагодарный Кулаков уже давно сидел в печенке, постепенно начал ему напоминать об окончании их контракта. Само собой разумеется не из предусмотрительности а из за удовольствия понаблюдать как тот корчится в муках осознания. Реакция того не заставила себя ждать. Что именно мелькало в уме обезумевшего от страха псевдо-мага мы никогда не узнаем. Факт то, что он сломя голову попытался найти убежище в лоне церкви, пытаясь обмануть своего главного кредитора и все-таки спасти свою жалкую душонку. Но так как бог, в отличие от Сатаны, не обманщик, и все писаки о его предпочтении грешников это психологическая соска, предлагаемая клерусом легковерному народу для успокоения его запятнанной совести, переписать контракт на его имя не удалось.

О том что именно произошло в роковой вечер, мы можем только догадываться, так как в отличие от времени подписания контракта, наш доктор был слишком занят, чтобы еще и левой рукой одновременно писать мемуары. Из дневника его верного адлатуса, нам известно только что в этот вечер, он в последний раз собрал своих друзей чтобы с ними попрощаться и на следующее утро его смертные останки нашли размазанными по стенкам его спальни в отеле "Корона", хозяевам которого пришлось их соскребать борясь с рвотными позывами. Как я понимаю он до последнего пытался увильнуть от обязанностей, к великому раздражению настрадавшегося за 20 лет Мефистофеля. И кто его может после этого винить?

Чему нас учит эта история? А тому, что из любого ханжи и бездельника, при наличии богатого воображения и кучи свободного времени можно сделать героя. А через пару сотен лет - иди докажи.

Давайте подумаем

Что для человека самое главное в жизни? Тишина и покой, успех и слава, шум и гламур, одиночество, присутствие любимых людей, журчание ручья в лесу, шепот любимой женщины? Наверное для каждого из нас что-то свое. Может быть даже для одного и того же человека что-то другое в разные этапы его жизни. Всегда ли это главное зависит от наружных факторов? От близких нам людей, финансового положения, социальной зависимости? Или это что-то другое, таящееся в глубине нашей души?

Как часто мы задумываемся о времени? О том как мирской водоворот втягивает нас все глубже и все движется быстрее и быстрее. И мы стараемся идти в ногу, не оглядываясь, думая только о том, что если мы потеряем ритм, если споткнемся или остановимся, мир этого даже не заметит и будет продолжать нестись мимо нас с такой же неимоверной скоростью, пока мы не окажемся где-то на окраине. Одинокие и забытые всеми. Для того чтобы это не случилось, мы готовы жертвовать многим. Тихими вечерами, проведенными с нашей семьей и детьми, с друзьями и в конце концов, с собой наедине. Мысли вращаются непрестанно вокруг быта, посягая на возможность просто быть. Или хотя бы задуматься о том, как мы думаем, о самом процессе мышления.

И на самом деле, как? Ученики Пифагора были уверены, что их учитель слышит песню сфер. Аристотель мыслил в трехдименциональном порядке. Многие выдающиеся ученые, как например, физик-теоретик и космолог Стивен Хокинг - даже в четырех (с добавлением аспекта времени). Что это значит? Что эти люди априори умнее нас? Из спортивного интереса спрашиваю мужа, аналитика и интеллектуала, как мыслит он. Подумав (он никогда не отвечает предварительно не подумав, что меня часто доводит до белого каления), он мне ответил что мыслит в основном концептами. Икс-игреками, так сказать. Но никогда не картинками, цветами или запахами. Я думаю образами. И четко знаю чувство, возникающее в процессе погружения в определенную сакральную или философскую литературу, позволяющее когда -никогда испытать синтез-осознание определенного предмета, не без предварительной работы. Это можно сравнить с чувством невесомости, отделения от самого себя. Может это оно и есть, физическое ощущение расширения уровня мышления. Но никогда мне не удалось испытать это чувство спонтанно.

До Хокинга мне как до луны. И основным его каталистом является его прикованность к инвалидной коляске. Ограничивая его быт до нуля, она освобождает дух, как единственную возможность движения. Часто такое ограничение физической активности приводит если не к глубокой депрессии, то к эксплозивному развитию ментальной энергии, катапультирующей дух в сферы, недоступные тому же самому человеку, по шею погрязшему в светской суете. Пример тому тот же Хокинг до того как ему сделали его роковой диагноз. Он, конечно, экстремальный случай, но даже мы, ничем не выдающиеся часто не достигаем нашего потенциала не из-за недостатка интеллекта а просто из-за недостатка времени.

При первой же попытке остановиться и подумать о чем-нибудь не соприкасающимся с проблемами работы, поведения наших детей или цен на бензин, мы начинаем понимать что отвыкли. Думать отвыкли. Быт задавил. Нехватка времени учит только реагировать. Отучает разделять важное от неважного и думать просто ни о чем с надеждой на то, что из песчинки, случайно попавшей в этот вакуум, со временем и при определенных условиях образуется бесценная жемчужина. Идея.

Лючия

"О, Великая Мати, рождшая всех святых святейшее слово! Нынешнее приемши приношение, от всякая избави напасти всех, и будущая изми муки, о тебе вопиющих. Аллилуя."

Голоса рецитирующих кондак монахинь глухо отдавались в стенах капеллы. Сестра Лючия, пухленькая повариха, расторопно накрывала на стол, подшептывая в тон остальным. "Ну что за день?"-думала она -"все летит из рук. Мне не хватает внутреннего спокойствия, а ведь именно из-за этого я и здесь. Мать Бригитта сказала что со временем и молитвами все уравновесится...я здесь уже седьмой год. Почему меня до сих пор мучают сомнения? Почему терзают мирские мысли и заботы? "

Постепенно зал начал заполняться. Старые, морщинистые монахини, пышущие юностью, но грустные послушницы, гости монастыря, уставшие от изнурительной дневной работы и продолжительных вечерних молитв, медленно собирались с предвкушением получасового спокойствия, несложного ужина и возможности непринужденной беседы.

Лючии нравилась эта атмосфера. Сама она, не отличаясь особым аскетизмом, тайно завидовала тем, кто смог или хотя бы наружно демонстрировал свою способность отречься от всех мирских удовольствий, включая и наслаждение от принятия пищи. Она так и не смогла отучиться от томного зажмуривания глаз, пробуя то или другое особенно удавшееся яство. Нет, она совсем не была чревоугодницей. Наипростейшие вещи доставляли ей удовольствие. Запах свежеиспеченного хлеба. Цветочный оттенок меда. Нежная сладость первого виноградного сока и прозрачная слеза, выступающая на только что взбитом бруске масла. Все эти вещи доставляли ей почти физическое удовольствие, которого она стыдилась и которое ее пугало. И заставляло думать, что ей никогда не удастся достичь настоящего освещения. Религиозного экстаза, достигаемого, как известно только путем полного отречения.

Сестра Лючия не пришла в монастырь невинной послушницей. Строгая организация монастырской жизни привлекла ее уже в зрелом возрасте, показавшись единственным противовесом для хаотичного, ни к чему не приводящего образа жизни, который она вела раньше. И с безоговорочной, непререкаемой верой в бога, ее решение тоже не имело ничего общего. Наоборот. В лоно церкви Лючие привело сугубо чувство безнадежности. Чувство, что ее захватывает водоворот жизни, и нехватка определенной оси, за которую она могла бы удержаться в нужный момент.

Пухленькая монастырская повариха сестра Лючия в мирской жизни была доктором философии. Марина Бернадотти, как ее звали тогда, была автором многочисленных серьезных публикаций. Работ, которые вызывали оживленные дебаты в научном мире и имели столько же сторонников как и скептиков. Особый интерес для доктора Бернадотти представляла философия преступления. В один прекрасный день, в поезде, по дороге домой после одного из семинаров, она наткнулась в вагоне 1-го класса на глянцевый женский журнал. Вообще-то не ее метье. Но Марина устала и хотела отвлечься. Полистав, она обнаружила между историей о любовной жизни одной известной актрисы, рецептом для суши и полезными советами для выведения жирных пятен из кожи, бисерным почерком психопата, в отточенном стиле написанное признание о не менее чем 20-и убийствах совершенно убийце незнакомых людей. На полях журнала, преступник упивался своими деяниями. Уделяя внимание мельчайшим деталям, он делился с невольным читателем не только описаниями своих преступлений, взгляда жертв в минуту смерти и запаха страха, но и собственными размышлениями и чувствами.

Сами жертвы представляли для него только косвенный интерес. Все двадцать (если верить его откровениям), являлись для него не больше и не меньше чем философскими экспериментами. У Марины Бернадотти пересохло во рту. Не обращая внимание на то, что она уже давно проехала свою остановку, Марина впилась глазами в густо исписанную страничку. От возбуждения ее дыхание ускорилось и лоб покрылся бисером пота. Это был как подарок свыше - в форме человеческих жертв на алтаре ее следующей публикации, титул которой уже витал перед ее глазами. Божественная интервенция.

Убийца действовал не в порыве страсти или из низких побуждений, философствовала Марина Бернадотти. Им двигало жилание установить почему один человек не может просто использовать другого для определенных целей. Как например, вещественное доказательство для самого себя, что он не один на белом свете. И что с этой точки зрения солипсизм не существует. Долго изучая манускрипт, Марина пришла к выводу что несмотря на тщательную документацию убийств, преступнику доказать эту теорию так и не удалось. Затерявшись где-то между Ван Орнан Квайном и Ку-Клукс Кланом, он развел демагогию о собственной предиспозиции и анализ влияния его собственной окружающей среды, включая его родителей и воспитательниц детского сада. Др. Бернадотти была уверена, что с помощью этого анализа он пытался установить был ли бы он трансцедентальным философом если бы убивал более хладнокровно или, получал ли бы он от убийств большее эмоциональное удовлетворение, если бы он был Экзистенциалистом. Скорее всего, резюмировала Марина, самым важным для убийцы был вопрос, с какой стати он должен рассматривать существование других людей , кем бы они не были, как самоцель. Долго размышляла она и над философским аспектом совершенных преступлений, как и над попытками убийцы подогнать им совершенное в рамки созданной им Этики. Свою статью она увенчала одой против сентиментального морализма, как главной причины узурпации экономического, социального и политического общества. Единственно чего она так и не смогла сделать, это привести достаточно аргументов, почему этот убийца собственно должен остановиться убивать. Так как оказалось невозможным привести аргументы против морализма, и одновременно за.

Целый год Марина Бернадотти анализировала, конструировала и нивелировала свою публикацию. Наконец-то она вложила еще теплую от печати стопку бумаги в конверт, аккуратно его заклеила и надписала адрес. По дороге на почту, проходя мимо газетного киоска, ей бросился в глаза красный шрифт заголовка местной газеты: "Сериальный убийца кончает жизнь самоубийством". Купив газету, Марина с ужасом прочитала, что некий Мориарти, устав от попыток помочь юстиции его поймать, покончил жизнь самоубийством. Среди само улик оставленных им были многочисленные признания на рулонах в общественных туалетах, на полях программ театров и закладках книг в библиотеках. Отчаявшись привлечь внимание общественности, Мориарти написал в полицию, но там решили что он просто один из бомжей, рассчитывающих в это время года на крышу над головой и бесплатный обед. Последней каплей было то, что большинство людей, находящих его записи, либо их в упор не видели, либо тут же их плагиировали, публикуя их как свои собственные романы, сюжеты для сериалов и ли докторские диссертации на обширное количество тем, от криминологии до психиатрии, теологии и философии. Мориарти повесился, глубоко разочаровавшись в моральном устройстве сегодняшнего общества и перестав воспринимать самого себя как самоцель.

У сестры Люции кружилась голова от вопросов. Возможен ли симбиоз морали и науки? Или легче всего, забыв что знал, перевести свою жизнь в другое русло, вдыхая полной грудью воздух свободы и независимости от лихорадочного стремления науке к открытию правды любой целью. Как легко, проснувшись утром, простереться в капелле перед статуей присно девы Марии, медитируя, освободить свой дух от волнующих его мыслей. Воспарить на крыльях чистого сознания в неведомые сферы, в которых нет никакой темной материи - ни сомнений, ни сожалений, ни чувства вины или страха перед будущим. Как жаль, что это светлое чувство невозможно удержать.

Парадокс

Много чего двигало людьми в последние недели. Конец школьных каникул, рычаги двигающие мировым финансовым кризисом, 11 сентября, которое всегда останется в памяти как показатель исламской культуры и мышления, зверское убийство 4-х человек во Франции. Было о чем призадуматься. Особое место в моем мыслительном пенсуме в эти дни заняла Джудит Батлер, ведущий американский теоретик власти, гендера, сексуальности и идентичности, профессор риторики и сравнительной литературы в Калифорнийском университете в Беркли. Во вторник она стала первой женщиной - лауреатом премии Теодора В. Адорно.

Очень интересно, скажете вы. Ну и что? Первая женщина уже давно летала на луну. Да, но ее за это не называли антисемиткой. Джудит Батлер, еще наверное и первая еврейка, удостоенная такого звания. Во Франкфурте, где ей выдали эту премию, во время церемонии, собралась разъярённая толпа. Поляризующая, как всегда, профессор, собрала два типа людей - противников в лице еврейской общины и поклонников в лице левых и про-палестинских симпатизантов размахивающих флагами с надписью "Спасибо Джудит". Только этой надписи мне было бы достаточно, чтобы энергично пожав руку немецким псевдо интеллектуалам, отдать им чек и уйти домой. Но деньги, очевидно, не пахнут.

Объясню причину ажиотажа. Вообще-то профессор Батлер занимается исследованием динамизма общественных процессов и изменения обстоятельств жизни людей в качестве теоретических последствий. Последняя ее работа направлена на изучение еврейской философии. Вот тут и зарыта пресловутая собака. Полностью отдаленная от настоящей жизни и погруженная в жизнь теоретическую по горло Батлер, во время одной из ее лекций в Беркли, утверждала что Хамаз и Хезболла являются признанными государственными организациями и бедные палестинцы тоже имеют право на жизнь, явно подвергая политику Израиля критике. Неслабо для ученой, к чьему голосу прислушиваются многие сегодняшние интеллектуалы. Сама Батлер, в своей благодарственной речи не затронула эту тему вообще, и в стиле отшлифованной риторики обяснила что "мы обязаны противостоять всем формам насилия, которые разрушают Жизнь и делают ее неприемлемой." Правда красиво?

А теперь посмотрим как это все выглядит на практике. Жену Джудит зовут Венди. Она преподает науку политики. Вместе они активно занимаются исследованием феномена биологического пола и его культурных измерений. Что и является темой для многих размышлений и трактатов Батлер о гендере. Кто им мешает? Критики. И не простые люди с улицы, для которых ее плагиаты Гегеля, Ницше, Фрейда и Фуко с Альтюссером непроницаемы, но и философские общества, выдавшие ей в 1998 году первый приз на их "Соревновании плохого письменного стиля" который выдается за " наиболее стилистически грустные отрывки, найденные в академических книгах и статьях." Вообще-то я считаю что люди, понимающие свой предмет во всей его глубине, не должны иметь проблем выразить свои мысли. Еще Сократ писал: "Для чего я занимаюсь философией как наукой? Очень просто. Для того, чтобы уметь поддержать разговор на любую тему в компании..." Стивен К. Рони также писал о Батлер, что "многие — действительно, большинство — обще признанные "великие мыслители" были ясны в их письме [...], и что, Батлер утверждает, что она более глубоко мыслит, чем все они?"

Тем не менее все было бы хорошо, если бы ее как всех занятых исключительно собой особей не потянуло в политику. Наверное это была попытка удивить Венди. Потому что просто увлекаться политикой как философ не представляет собой ничего особенного. И всю свою научную карьеру посвящать, в свете ее сексуального направления, гендеру - бендеру тоже. Для того чтобы привлечь внимание надо социально поляризовать. И что может так поляризовать как антисионистская еврейка? Каким способом она этого достигает (и я уверена, что на этой неделе люди, которым это раньше и в голову не пришло бы купят несколько ее книг), я уже описала. В принципе я считаю что для лучшего исследования тематики, мадам Батлер должна поработать непосредственно в области исследуемого, как она уже делала с Венди для ее прошлых работ. В этом случае, лучшим примером было бы назначение ее американским посланным в Ливию, там как раз место освободилось. Там она могла бы от души дискутировать как раз с теми социально ущемленными группами, которых она так горячо защищает на своих лекциях

Опасная идеология "Эгалитаризма"

Германия, Европа и запад в целом, или лучше сказать - политически правильный мэйнстрим, который безжалостно держит эту часть мира за глотку, уже несколько лет поражены новой волной сумасшествия. Актуальный системный вирус можно назвать "Эгалитаризмом". Речь идет о настоящем Изме, ужасном императиве, о страшной и презирающей человека идеологии.

Слово "Эгалитаризм" мелькает бессодержательно и незначительно в истории, а также по интернету. Преимущественно с тупым значением, например употребляемое как синоним для назального: "э, мне все равно" или тому подобное. При таком рассмотрении употребляемое политиками понятие "Эгалитаризм" нужно понимать как что-то вроде нового словарного творения со своим собственным значением. Речь идет о настоящей нравственно, юридически , а также конституционно извращенной общественной мании, согласно идеологии которой, все люди на свете почти идентичны.

Согласно законодательству демократичных западных стран, в лице закона все люди равны. В основу главных мировых религий все люди также равны перед их наивысшей инстанцией по имени Бог. Это понятие, которое является основным достижением человечества и дало этому ценному принципу тождественности, современный толчок. Но этот принцип тождественности совершенно не значит, что все люди совершенно одинаковы. Как раз наоборот: западная конституция, которая служит примером для западных правопорядков, исходит из кантовской реальности, что каждый человек - это оригинал, индивидуум и никак не идентичная копия всех остальных.

Тот, кто в конституции видит индивидуальные, а не только защитные права человека, находит что признанная конституцией реальность исходит скорее из диверсификации индивидуумов, чем из какого-то особенного сходства. Люди значительно отличаются друг от друга физически, умственно, психически, по их производительной воле, их представлениям о счастье и по бесконечно многим другим параметрам. Несмотря на это, западный мэйнстрим сегодня утверждает, что люди более или менее прямо-таки идентичны и каждая другая точка зрения идет в направлении дискриминации или вообще расизма.

"Мы требуем удаления нелегальных, несправедливых и нерациональных виз для въезда в Германию!", снова орет с пьедестала турецкий министр ЕС Баги. И Эрдоган видит в них (угадайте?) проявление расизма. Почему безвизовое положение с Германией так важно для турка? И почему, спрашиваем мы себя, вообще имеются, визы? Для чего их изобрели еще 200 лет назад? Ответ очень прост! Турция в них видит преимущества, которые автоматически связаны с немецкими убытками.

Визы придумали уже лет 200 тому назад – для надежности. И правильно – ведь до Первой мировой войны путешественники в них не нуждались, как часто и ни в каких других документах. Штефан Цвейг путешествовал без паспорта и визы до Индии. Но тогда , однако, пару сотен европейцев садились в лодки, во основном с большим количеством денег, или там британские солдаты, и те у которых ни фига с собой не было, не получали убежище и социальную помощь и могли умирать с голоду на пляже, если они не находили работу. Сегодня, однако, в страну прибывают миллионы, как видно особенно по туркам. И не смотря на особенное хорошее экономическое положение страны, они все равно ходатайствуют об убежище. Без визы таких приедут десятки тысяч- и больше никогда не уедут. И зачем импортной невесте делать курс немецкого языка в Турции, если она может приехать без какого бы не было контроля? Почему бы половине Нойкёллна не увеличить их семейный клан втрое и не послать всех новоприбывших в те же социальные учреждения? Так что причины для визы достаточно рациональны!

Но я почти уверена, что наши политики эти визы все равно упразднят. Не имеет смысла предаваться иллюзиям. Да и органы власти нуждаются в "мигрантах" для того чтобы те получили чего хотели. А как же без "интернационального обогащения"? Почему бы не освежить состав федерального конституционного суда 10 ново получившими гражданство турками? Уже есть навалом таких среди адвокатов, которые и заботятся о соблюдении прав кучам прущих в расистскую Германию Турков.

Как например адвокат Серкан Кирли упоминающий в своей "серии о праве ассоциации между Турцией и EWG", слова адвоката Керема Э. Тюркера, что "требование знания языка при приезде супругов, противоречит европейскому конституционному праву". Адвокат Тюркер не знает как правильно написать слово "Гёте", он даже вероятно не знает какой это вид колбасы, но то что для того чтобы пойти в немецкое социальное учреждение не нужно уметь говорить по-немецки, это он знает точно.

По жизни

У кого есть соседи? И не по парте или по улице, а непосредственно по лестничной клетке. У нас их трое. Одни сверху, одни с низу. Вроде немного. И вроде ужиться всего с двумя намного легче чем с десятью и больше. Дудки, я совершенно уверена, что в квартиру на третьем этаже нашего дома поселяются исключительно выходцы из трофонских пещер. И что кроме того, там водятся препротивные духи, летающие ночью по спальне этих ветеранов и щекоча и раздражая их подсознание, превращают их в эти опухшие и кислые существа, которых я утром встречаю на лестничной клетке. Я в этом уверена настолько твердо как и в том, что калории это такие микроскопические зверушки, которые ночью прячутся в шкафу и втихаря ушивают всю мою одежду.

В основном мне по барабану, почему у чужих мне людей кислая рожа или плохое настроение. В конце концов я тоже не всегда солнышком сияю. Иногда даже не луной. Но чего я категорически не выношу это когда эти чужие люди выплескивают на меня свои чужие проблемы, как будто я их спросила в чем дело и остановилась послушать.

Но все по порядку. Первой соседкой была женщина-мэнеджер по прозвищу "Фрегата" из-за ее манеры гордо проплывать мимо ни с кем не здороваясь. В один прекрасный день она просто исчезла. На этот день у меня есть надежное алиби. Честно. За ней вселилась ловкая турчанка с таким декольте, что хозяин забыл проверить ее платежеспособность. Заплатив за квартиру один-единственный раз, она год просидела на балконе стряхивая пепел на мои туберозы, пока ее не увез черный БМВ в неизвестном направлении. После нее въехали герои моего рассказа. Бездетная парочка с двумя огромными охотничьими псами. Помимо квартиры они сняли магазинчик в доме напротив и открыли небольшую, красивую винотеку. Что может быть лучше? Увы. То, что я вначале приняла за улыбку оказалось просто пьяной отрыжкой. А вчера даже оскалом. Под влиянием вредных испарений собственного товара (или противных духов третьего этажа), сосед оказался параноидным индивидуумом с поочерёдно выражающимися маниями преследования и величия. И с тем, очень интересным предметом наблюдения как и субъектом достойным подробного описания.

Еще Цицерон писал что "Глаза, бровь и остальные черты лица человека, обладают собственным, секретным языком". То есть наш характер и интеллект (или отсутствие оного), нарисованы у нас на морде лица. И на него, как известно штаны не наденешь. Сосед сверху, носит такую татуировку с ног до головы. И даже аура его, кажется, обладает характеристикой болвана, которому каким-то образом удалось воплотить учение Эпикура в жизнь, даже не подозревая о существовании оного. Удалось ему это с помощью манипуляции. Когда человек живет в собственном, самим им созданном мире, это прекрасно. Особенно для него самого, потому как в основном такие люди создают их сказочный мир путем вампиризма. И страдает от этого, в первую очередь его окружение. Потому как в мире ничего не пропадает и не появляется, все передвигается. Если ты что-то выиграл, то это что-то кто-то где-то проиграл. Каким-то образом такие пространственные вампиры всегда находят жертв, готовых для них делать все. Вот именно такие отношения я нахожу особенно интересными для наблюдения. Но это не значит что у меня на все вопросы есть ответы. Что именно люди (в этом случае его жена) находят в чувстве абсолютного, рабского, безропотного повиновения? И часто особям, которые не только ничего из себя не представляют, но и более того являются просто нагромождением негативных атрибутов. В данном случае - на редкость непривлекательной наружности, скверного характера, признаков алкоголизма и полного отсутствия какой-либо эрудиции. Добавим к этому жадность, эгоизм и наглость и думаю это описание создаст довольно аккуратное впечатление.

Ну как? Вам уже представляется тот самый принц на белом жеребце, или по крайней мере желаемый зять? Именно. Но его жена в нем души не чает. Сдувает с него каждую пылинку, ревнует к стене и тащит его на третий этаж в полуобморочном состоянии. Оправдывает все его дебильные выходки и защищает его честь как львица. Носит за ним тяжелые сумки и прет наверх ящики с вином и минеральной водой. Выгуливает его собак. Одновременно она ведет все дела в гешефте и тем заботится о полностью беспечном существовании ее бога и повелителя, который, судя по тону, часто путает ее со своими собаками. Идиллия, не правда ли? Согласна, до тех пор пока этот садо-мазохистский симбиоз остается в рамках их счастливого бытия. Проблемы возникают, когда такой субъект, в фазе мании величия представляет себе что ему подвластны не только его слабоумная жена и ее 70-летняя мать, а все и вся.

Увы, его чары не распространяются больше ни на кого. Для всех остальных они является не только неразрешимой загадкой, но и отталкивающим фактором. Грубо говоря, шкала чувств всех остальных колеблется где-то между полным безразличием и явным отвращением.

К безразличным до сих пор принадлежала и я. В конце концов, не все ли мне равно, от какого рода унижений моя соседка сверху получает моральный (или физический) оргазм? Вероятно даже лучше, если я этого не знаю. Все изменилось из-за эпизода как в кино. И началось как в одесской коммунальной квартире, с мусора.

У нас его вывозят раз в неделю. Утром мы выставляем наши разноцветные контейнеры на улицу перед домом. Ну и все, в принципе мы о нем больше не задумываемся. Что такого человека как сосед ужасно раздражает. Как и факт, что на него (соседа) никто не обращает внимания. Зачем художнику писать картину, на которую никто не будет смотреть? Или композитору песню, которую никто не будет слушать? Достать людей которые тобой не интересуются и ничем от тебя не зависят, практически невозможно и разъяряюще. В таком особом случае необходимо воспользоваться любой возможностью. Даже мусорной.

Сосед распоряжается через жену, что вдруг, после 10-и лет нашей жизни в этом доме, мусорные контейнеры не должны выставляться перед его красивой винной конторой, а переться через дорогу в слякоть и снег, чтобы не портить ему вид через окно, где он сидит целый день с сигарой во рту и чашкой кофе в руке и изучает порно-сайты наизусть. Я не хочу. И сразу становлюсь врагом народа.

Запуганная его моббингом соседка снизу волочит свой мусор через дорогу. Чтобы было спокойно. Я - нет. Чувствуя что нашла коса на камень, обозленный тиран заставляет свою жену убирать мой контейнер с поля его зрения за 5 минут его прихода на работу. Я замечаю что он звереет и начинаю резвиться от скуки. Я теперь не только ставлю свой контейнер прямо перед его окнами в последнюю минуту и жду фейерверка. Я еще и напрягаю память, вспоминая чем еще этого сморчка можно достать.

Вспомнился случай из недалекого прошлого, когда мы были приглашены на прощальный вечер наших знакомых. Прием был так красив, их конкуренты настолько профессиональны, и обстановка такой теплой и дружественной, что у сморчка лопнул желчный пузырь. Он забился в угол со своей дешевой сигарой и громко жаловался жене на отвратительную привычку местных женщин менять своим детям памперсы в присутствии нежно воспитанных людей. На него никто не обратил внимания и он ушел домой, гордо подняв голову и прихватив две бутылки дорогого вина с соседского стола.

Этот случай еще долго служил поводом для смеха во время встреч с нашими друзьями. Прекрасно. Что у нас еще есть за слабые места? Ипохондрия и патологический страх перед налоговым бюро. Уверена что не просто так. Теперь продумаем стратегию, предварительно удостоверившись что нас не попросят из квартиры, если мы ее приведём в жизнь, так как знаем что жена сморчка и жена хозяина - подруги. Приглашаем хозяев в гости на стаканчик винца и уточняем в каких отношениях они со сморчком и какие у меня вообще есть права и привилегии. Все в порядке - они его тоже терпеть не могут. Сын их и того меньше, и в данный момент он собирается вселиться в квартиру над винотекой. Как известно ремонт квартир делает много мусора. У меня начинает теплеть на сердце. Завтра зайду к нему в магазин и пообещаю заключить контракт с соседним детским садом, где они евро за 10, с удовольствием соберут два-три ведра грязных памперсов. Из которых я смогу сложить довольно привлекательный коллаж перед дверью его магазина, часов в 7 утра. Не поленюсь - мои все равно уходят на работу и в школу и мне даже приятно будет заняться прикладным искусством.

Из окна нашей квартиры я смогу увековечить выражение его лица с помощью телескопной линзы. Не поленюсь и выставить мой мусор два раза в неделю, хлопая себя по лбу и жалуясь на забывчивость в моем возрасте. Заодно поинтересуюсь почему он такой бледный и чувствует ли он себя хорошо, потому как выглядит плохо. При случае скажу его жене, что работники из налогового бюро приходили уже два или три раза (чертовский склероз), звонили но или никого не было дома, или никто специально не открыл, и что их это очень разозлило. Зачем я это буду это делать? Потому что могу.

Дальше по жизни

Бывают же такие дни, в которые все идет не так как надо. В которые кажется что лучше все было бы перевернуться в постели с левого боку на правый и спать дальше, а не предпринимать что-нибудь серьезное, так как с самого начала понятно что из этого ничего не выйдет. Такой день у меня был сегодня. Не буду утомлять вас содержанием. Поделюсь только системой с этим бороться. Именно состоящей из возможности взять черта за рога и из изгаженного дня сделать довольно приемлемый.

 В деревушке в которой мы живем, есть несколько хороших ресторанов. Некоторые из них даже с созвездиями. Так как мы все соседи, и киваем друг другу головой проходя мимо, то несмотря на чисто тевтонскую прохладность в отношениях, через лет десять мы все принадлежим к окрестности как ново построенный дом. Стоя в очереди на почте, я увидела жену повара соседнего ресторана, которая меня всегда особенно душевно приветствует, так как хозяин моего мужа у них как то делал рождественский ужин для всей фирмы. Я сымпровизировала на месте, спросив сделает ли ее муж мне говяжий татар если я приду через часик. Необычное нравится, и она согласилась. Часом позже я совершенно одна сидела в ресторане, в котором обычно надо ждать недели две чтобы получить столик и мне несли специально сделанный татар. Со стаканом выдержанного в дубовой бочке вина. С собой я взяла еще не до конца прочитанную брошюрку Хайдеггера, в которой я в такой прекрасной обстановке обнаружила следующее место. Привожу неофициальный и очень свободный перевод. Прошу не судить. Ой, не буду приводить мой собственный - нашла готовый в интернете, не так сильно отличающийся от моей писанины, но синтаксически правильнее:- "Европа, всегда готовая в неизлечимом ослеплении заколоть самое себя, находится сегодня в гигантских тисках между Россией, с одной стороны, и Америкой — с другой. Россия и Америка суть, с метафизической точки зрения, одно и то же; безысходное неистовство разнузданной техники и построенного на песке благополучия среднего человека. Если самый последний уголок земного шара завоеван техникой и разрабатывается экономически, если какое угодно происшествие в каком угодно месте и в какое угодно время становится доступным как угодно быстро, если можно одновременно «переживать» покушение на короля во Франции и симфонический концерт в Токио, если время есть лишь быстрота, мгновенность и одновременность, время же как история исчезло из всякой сиюбытности всякого народа, если боксер почитается великим национальным героем, если массовые собрания, достигающие миллионных цифр, — это и есть триумф, — тогда, именно тогда всю эту блажь перекрывает призрак вопроса: зачем? — куда? — а дальше что? Духовный упадок Земли зашел так далеко, что народам угрожает потеря последней духовной силы, которая одна бы еще могла помочь этот упадок [, касающийся судьбы «бытия,»,] по крайней мере разглядеть и как таковой оценить. Простое признание этого не имеет ничего общего ни с культурным пессимизмом, ни с оптимизмом; ибо помрачение мира, бегство Богов, разрушение Земли, скучивание людей в массы, подозрение и ненависть ко всему творческому уже достигло по всей Земле такого масштаба, что такие детские категории, как пессимизм и оптимизм, давно стали смешными.

И это было написано в 1958 году. До лэптопов, ай-фонов и Фэйсбука. Пока я переваривала эту демагогию, миленькая официантка притащила яблочный крем-брюлле, который повар Мартин придумал к рождеству, но сделал сейчас специально чтобы услышать мое мнение. Я онемела от удивления, но смирно съела, вдумавшись в сенсацию и решив, что несмотря на то, что я в принципе приверженец классического варианта, яблочный прекрасно вписывается в рождественский мотив, ему только не хватает минимального количества кардамона или корицы, чтобы быть воистину рождественским. Обнаглев, так и сказала. Взмахнув наклеенными ресницами, официантка побежала на кухню доложить. Я осталась за столом с раскрытым ртом. Удивительно. Все удивительно.

И ещё…

Как вам сезонные праздники? У нас тут рождество вовсю. Все нервные и разоренные бесконечными подарками. Снега нет, одна слякоть. В городе такая куча народу что даже идти никуда не надо - достаточно выйти из вагона и остановиться. Толпа вас сама понесет в ближайший универмаг. Я универмагов не люблю. Мне больше нравятся маленькие сладкие бутики, где так мало людей из за кошмарных цен, что есть чем дышать. И они так страдают из-за универмагов, что даже у них есть никому не нужные прикольные мелочи которые можно купить кому ни будь в подарок за нормальную цену. И они ее так фирменно завернут, что не стыдно подарить. И все думают - вау, из этого магазина? Должно быть дорого. Какая разница что никому не нужно. И здешние ребята все так настроены, так что не выпадаешь из строя. Короче, вчера договариваюсь с подругой встретиться на кофе. Ой, последний день перед рождеством, а подарок забыла. Ничего, у меня есть еще полчаса. Бегом в такой магазин за ерундой. Забегаю вся взмыленная, там - полная тишина. Как они оплачивают свою аренду? Ладно, у меня щас нет времени на демагогию. Хватаю по дороге в кассу какую -то безделушку и прошу ее завернуть. Они это делают долго и так тщательно, что я начинаю оглядываться по сторонам. Тут что-то заблестело мне навстречу. У вас бывают такие моменты? Когда вас магически тянет к какому -то предмету. Тут у меня начинается тряска Эллочки-людоедки на предмет чайного ситечка. А-фи-геть. Это же серебряная подставка для ложки. Нежно-овальное блюдечко с элегантно к нему приделанной удлиненной ложбинкой. Я уже визуализирую как с моей поварённой ложки, капает соус от *coq au vin* именно в эту серебряную подставочку. Я млею. "Заверните"...сначала и "сколько стоит" потом. Они пробивают карточку и начинают заворачивать. Слава богу, это такой же медленный процесс, что у меня начинают прочищаться мозги, уже порядком сотрясенные услышанной ценой. И тут я начинаю сомневаться:" Скажите, а поверхность блюдечка не испортится от горячей пищи?" "Простите?" -продавщица направляет на меня ничего не понимающий взгляд,-"Вы что, собираетесь в него рыгать?" Тут уже ничего не понимаю я: " Кхм, а...от ложки?" "От какой ложки? Это же пепельница с подставкой для сигар!" Картина маслом...

Костюм и шляпа.

Как я люблю путешествовать! Все оставить за собой у не оглядываясь, без багажа и долгих сомнений просто сесть в вагон, наушники в уши, вытащить книжку и ехать в любом направлении. Или без направления. Главное подальше от повседневных забот. Поймите меня правильно - я обожаю мою семью. Люблю мужа, боготворю детей, железно терплю родителей. И все же когда-никогда, меня одолевает потребность перемены мест.

 Особенно я люблю путешествовать одна. Но в этот раз мне дала оторваться дочь. Учуяв недоброе, она увязалась за мной, благо каникулы. Нехотя, уныло, ворча под нос что с утра пораньше, что без завтрака, что с грязными волосами. Как будто ее пригласили или заставили, пф. Скорее всего она спекулировала что если со мной, так на шоппинг. Дудки! Но де в этом дело.

Дело в старике. Не знаю как вы, но я в поезде всегда встречаю кучу занимательнейших людей. Иногда встречаются и просто трескотливые старухи, и в таких случаях у меня всегда с собой имеются затычки для ушей. Потому что слушать истории о их незнакомых чудесных внуках, о проблемах с желудком и подагрой и о противных соседях, я могу не отходя от дома. Или сама рассказать. Ну может не о внуках. Но иногда везет, и по дороге в никуда встречаются интереснейшие экземпляры, двигающиеся в одном со мной направлении.

Как сегодня. Но сегодня рядом дочь - нетерпеливый тинэйджер, закатывающий глаза при любой моей попытке быть самой собой и общаться с людьми. Видимо сам собой это не кул. Ничего не поделаешь - стиснул зубы и вперед. А передо мной сидят два мужика в одинаковых розовых галстуках, что тут же привлекает мое внимание, так как на людей которые могут беспечно прокатить розовый галстук они не похожи.

Один из них -азиат (кореец?), которого я уже несколько раз видела в этом поезде. Одетый в консервативный черный костюм и белую рубашку он смахивает на проповедника (свидетель Иеговы?). Это замечает и старуха, сидящая рядом со мной и немедленно спрашивает черный костюм не священник ли он. Черный костюм увиливает от ответа (сто процентов либо свидетель Иеговы или сайентолог) и завязывает непринужденный разговор с владельцем второго розового галстука.

Его собеседник - огромный старик с помятым от возраста бородатым лицом в шляпе. Я отмечаю про себя что одет он в довольно дорогую одежду не первой свежести. Разговор заходит (о чудо!) о ситуации в Крыме и протекает поверхностно. Черный костюм рассказывает шляпе о последних событиях и тот слушая, сокрушенно мотает головой. "Ну как же так?",- отчаянно восклицает он, привлекая к себе не только мое внимание. "Понятно, что не все всегда живут в согласии, но из за этого ДРАТЬСЯ?!!!" Последнее слово он повторяет с ударением несколько раз, ударяя себя в грудь, разводя руки в стороны и в недоумении оглядывая всех, как будто человек его размера никогда никому не полировал рожу.

Я уже вижу как дочь, сидящая рядом в проходе, умоляюще смотрит на меня огромными глазами и из всех сил надеется что смолчу. Но у меня не получается. На такое вопиющее поведение может быть только одна реакция: -"Простите, а какая у вас профессия?". Дочь бессильно отбрасывается на спинку сиденья, скрестив руки и делая вид что меня не знает. Черный костюм, довольный что внимание не на нем, принимает форму вопросительного знака. Все остальные, делая вид что им не интересно, косятся в нашу сторону. Шляпа заметно расцветает.

"Вы знаете, это очень интересная история. Мне, мадам, 87 лет. Когда мне было 15, я очень хотел стать садовником. Я очень люблю смотреть как все растет. И растения, знаете ли, они неприхотливы, молчаливы и благодарны. Они всегда чувствуют людей, которые их любят, вы заметили? Так вот. Я пошел к садовнику и спросил сколько я буду зарабатывать как ученик. "7 марок в неделю", -сказал тот. "7 марок в неделю?",-подумал я. "Бутоны бутонами, но кроме пачки сигарет я не смогу себе позволить ничего. Уже не говоря о девушках." Пораскинув мозгами я рванул в торговую палату и поинтересовался кто среди рабочих зарабатывает больше всех. "Плотник",-сказали мне там. "А сколько зарабатывает плотник?" "250 марок в месяц". "Это уже куда ни шло", - подумал я, -"хоть хватит на комнату. А потом закурить." И так я стал плотником".

Шляпа рассказывал так убедительно, что даже у дочки откатились глаза и повернулись вправо. Но меня так просто не проведешь. "Каким это плотником?" - полюбопытствовала я, указывая на изнеженные руки старика. Громко расхохотавшись, шляпа стремительно схватил меня за руку, и обращаясь к половине вагона подтвердила:-"Хорошо подмечено мадам. У вас тоже, вижу, не рабочие руки". С силой оторвав руку обратно, говорю:- "Не отвлекайтесь. У нас всего три остановки".

К этому времени уже полвагона сидело открыто повернувшись к нам. "Да, правда,"-продолжил шляпа, - "долго я там не продержался. Мне указали на то, что несмотря на определенный талант, я был больше занят расчётами чем опилками. Все-таки закончив учебу, я решил стать каменщиком. Под конец этой учебы и собрав немного денег, мне стало ясно, что мой талант лежит в целом, а не в отдельностях. Я пошел учиться на архитектора. Начало этой карьеру, так сказать снизу, дало мне определенное превосходство перед коллегами, которые все знали только из теории, и вскоре мое бюро стало очень успешным. "

У шляпы засверкали глаза. Старик выпрямился, став еще на голову выше. Голос стал еще громче. "Я заработал миллионы! У меня семеро детей!" Мы подъезжали к последней остановке. И тут шляпа опять вцепился в мою руку и неожиданно начал орать на весь вагон, -"А теперь я открыл для себя Иисуса Христа! Я буду жить вечно!" - заглядывая мне в глаза,-"Вы, мадам, тоже, я вижу что вы это знаете!"

"Черт подери."-внутренне расстроилась я, -"Проповедник. Ну как я могла так влететь?" Но перед десятком глазеющих на нас людей не решилась открыто нагрубить. Вырвав уже порядком затекшую руку из цепких лап шляпы, я культурно улыбнувшись пожелала ему найти все что ищет, выразила уверенность в его успехе, и закатив в свою очередь глаза и схватив дочь под локоть, быстро свалила из вагона в полной уверенности что человек, который прожив 87 лет, заработав миллионы и имея семеро детей, должен был будучи плотником, наломать большую кучу дров, чтобы так хвататься за последнюю тростинку.

Я больше никогда не попадусь на розовый галстук.

Как сесть на диету

Кому знаком тот момент, в который делаются сумасшедшие покупки? Поступки, которые потом неделями пытаешься понять и никак не можешь. Ну какого хрена я ЭТО купила? Что я с ним буду делать? А самое главное, куда ЭТО поставить (положить, повесить), чтобы каждый раз об него не спотыкаться и не впадать при виде ЭТОГО в депрессию?

В этот раз таким объектом оказалась поваренная книга. В каталоге красующаяся под названием "Модернистская кухня дома". 100 Евро. С красивыми картинками. Вот! Она! Еще такой у меня нет! А зачем она мне нужна? Вот потому что нет, поэтому и нужна. И у меня как раз скоро день рождения. Сделаю себе подарок.

Когда эту книгу, задыхаясь, приволок на второй этаж почтальон, я поняла что цена ее в первую очередь исходит из веса. Примерно 10 Евро за кило. Действительно красивые картинки. В полметра длиной. Что значит, если я ее положу на стол, места готовить у меня уже не останется. Это если я ее вообще смогу поднять и понести. Но даже если мне это каким-то образом удастся, начать готовить, даже при наличии всех ингредиентов, я все равно не смогу.

Дело в том, что модернистам для того чтобы начать готовить, недостаточно иметь кастрюлю и сковородку. О нет. Это все слишком банально и недостойно их положения. Прежде чем двинуть пальцем, модернистам необходимы тысячи на две евро разных прибамбасов, которые кухню превращают в смесь химлаборатории и морга. Шприцы и керогазы, специальные машины для ускоренного варения и наоборот-замедленного. Пароварки и мороженицы, взбивалки и пластиковые мешочки, вакуумные насосы. И лишь после этого, целая батарея химикатов, эмульгаторов и разжижателей с уплотнителями.

От одного чтения у меня закружилась голова. Ну, допустим, эмульгаторы можно найти подешевке в аптеке. Ладно. Даже пару машинок можно себе позволить если месяца два питаться исключительно макаронами с маслом и запивать прохладной водичкой с крана. И керогаз как раз очень удобная, мультифункциональная вещь, с помощью которой можно не только сообразить прекрасный крем-брюлле, но и бороться с мухами, сжигая их прямо налету, как и с противными соседями. В су-виде можно не только приготовить мягчайшие, сочнейшие отбивные за какие-то смешные 7 часов, но и если правильно отрегулировать температуру и добавить немного соды, чистить ювелирные изделия и отмачивать пятки. Термометр можно в принципе засунуть куда угодно. Так что вполне практично. Но. Не подумайте что если вы, потратив неделю и взяв ссуду в банке, наконец-то готовы сделать мужу бутерброд.

Для того чтобы успешно попасть в ряды модернистов надо стать незаурядным стратегом. Попрощайтесь навсегда со спонтанными идеями. Шницель? Два часа в водяной бане. Яичница? Чтобы лоснящийся желток завернуть в резинообразный белковый рулет, вам нужно пол дня на кухне с эмульгаторами. Сколько куриных грудинок и хороших кусков лососины я сожгу керогазом в пепел, прежде чем я научусь легким движением руки наносить на них аппетитную румяную корочку, я не берусь даже считать. Если вас попросили поджарить пару пулочек, вам их надо купить за три дня вперед и взять крэшкурс на внутримышечные инъекции соляного раствора. Если вы диабетик, эту часть можно пропустить. Целую курицу можно вообще забыть - пока она настоится и сварится в су виде, вы успеете пару раз сбегать в макдоналдс и посидеть на диете.

И тут я подхожу к самому главному - идея модернистской кухни это приготовление вкусной, необыкновенно красивой пищи с минимальным количеством жира. То есть вы питаетесь здорово и красиво. И похоже, исключительно мысленно.

Куда уходят друзья

Игра судьбы. Постоянное раздорожье. Друзья приходят в самые сложные моменты жизни. Они встречаются в песочнице, приходят из параллельного класса, подсаживаются за столик в студенческой столовой, становятся рядом в трамвае и просто на улице. Как мне везло в жизни на хороших людей. Фортуна присылала мне спасителей практически из ниоткуда. Они появлялись, сопровождали меня определенное время и незаметно отходили, уступая место не менее интересным персонажам. Их уход не был показателем халатности или неблагодарности с моей стороны, скорее текучести материи, частью которой они являлись.

Как и все остальные, я меняла места жительства, работу и вместе с этим мое окружение. Со многими из друзей мы остались в контакте. С другими-нет. Из-за острого недостатка времени? Расстояния? Семейных забот? Меня судьба бросала в противоположные части земли. А как быть с другими, людьми живущими всю жизнь в одном городе, или даже на одной улице и никогда не находящими время увидеться друг с другом. Несмотря на то, что их в какой-то момент связывали узы глубокого понимания и обоюдной симпатии.

Что нас заставляет сегодня чувствовать, что пора позвонить подруге, с которой провел весь рабочий день и проболтать еще целый вечер, а завтра не найти что сказать вообще. Ну ладно, я человек тихий и иногда пугаюсь телефона. До сих пор лелею мой кремлевский аппарат со шнуром и шайбочкой впереди на которой не видно кто звонит. Но все равно улыбаюсь глядя на выставленные в ФБ фотографии моих друзей и их детей. Мысленно желаю им всего хорошего, но не чувствую никакой потребности говорить о прошлом часами, смакуя события прошедших дней. Ну а другие? Не все же шизоидные аналы. И все равно мир полон бывших друзей.

Мне кажется что каждая часть жизни, как отрывок из киноленты. При желании, ее можно прокрутить обратно и просмотреть опять. Но почему-то редко делаешь. Когда это удается, понимаешь что с каждым из друзей связаны не только теплые воспоминания, но и моменты скорби, траура, страха и расставания. Проблемы которые они мне помогли преодолеть всего лишь тем, что они были рядом.

Способность закрывать глаза на травматические события это защитная реакция организма. Своим присутствием эти друзья напоминают о травмах, которые так хочется забыть. Неправильные решения, действия которых сегодня стыдишься, минуты слабости за которые себя коришь. Так мы приносим друзей в жертву на алтаре собственного самосознания. Так легче жить.

Эстет

Мишкин, очень приятно познакомиться. И мне приятно. Друзья моих друзей - мои друзья. А хороших друзей на свете мало. Дорожим каждым. Проходи. Небольшого роста, коренастый блондин лет за 40. Тогда. Сегодня уже за 50, так что уже друг друга немного знаем. С ударением на "немного". Мишкин - партнер друга моего австралийского детства, которого я знаю как облупленного и люблю со всеми его недостатками, как сладкую вату. Почему-то к новым друзьям отношусь критичнее. Может просто возраст.

А может и манера пропадать на год, а потом просто появляться из тумана и ожидать что все всё бросят и начнут о них заботиться. Старый друг это сделает и для меня. У нового это выражается односторонней. Он женат с двумя детьми. Только младшего я видела мельком один раз. Он состоятелен. Но это видно только по запонкам. И по его рассказам. А еще он эстет. Это он мне сказал сам. И выражается это в его ожиданиях, что его окружение, при его появлении должно немедленно стать в позу. Даже если окружению этого не хочется.

Ну, меня оседлать, как вы уже заметили, легко. Я человек обязательный. Но не слепой. И не нуждающийся, так как требования у меня к жизни, в общем-то умеренные. Могу копать, а могу не копать. А эстетам надо чтобы копали. И предпочтительно не они сами.

В этот раз появляется летом. Школьные каникулы, никакого отпуска, но много планов. Наш быт. Кстати, один из планов - горячо ожидаемая встреча с Максом. И все начинается, как подруга Зойка уже тонко подметила, с первого "можно?" Слышь, Ин, мы тут за углом от тебя купили компанию (на сколько я знаю от старого друга уже года два тому назад). Требуется вмешательство, я приезжаю недельки на две. Ты можешь мне снять комнату? Конечно. Давай. Звоню хозяйке пансиона рядом с нами. Дешевый и чистый до такой степени, что у нее даже куры выглядят аккуратно причесанными. Там он уже раз останавливался. Комнату я ему дам. Но без завтрака. ??? За 30 евро в день с завтраком я, в моем возрасте не могу ездить и искать зеленые матча чаи, трюфельную ветчину и помидоры из Сан Марцано. Это можно понять. Докладываю в дипломатично - смягченной форме: комната есть, завтрак выписывай себе из Парижа сам. Или иди напротив в отель, там за 15 евро предлагают шведский стол. Вру. Ничего подобного я не сказала. Это я только так подумала. Сказала я просто что у старухи нет сил. Только для меня нет сил или вообще? Сечет. Умен.

Приезжает. Жалуется: оставил младшего сына на две недели в Хумбольдт универе учить немецкий. За баснословную сумму с интернатом. Ну не нравится ему там. Он тоже эстет. Хрен с ними, с деньгами, я его оттуда заберу. Найди мне тут частного учителя. И работать мне надо. Какие у тебя на следующей неделе планы? Вообще-то куча, а что? Притворяюсь блондинкой. Нет, мне не жалко присмотреть за ребенком. Но ребенку 16. И эстет. И с Максом хочу встретится в Базеле в воскресенье. У меня нет машины и туда удобно добираться. Вместо Базеля еду на Озеро Констанц. Со всей семьей и твердо договорившись что в понедельник берем эстета-младшего и едем в Европу парк вместе. На озере встречаем сынулю. Он вырос, возмужал и охмурел. Кивает здрасьте, устанавливает точку где-то над моей головой и упорно смотрит в нее до конца дня. Тинэйджер, думаю я. Нормально.

Кушать хочется. В ресторане заказываем рыбу, на озере все-таки. Мишкины, поковыряв вилкой, оставляют. Не свежевыловленная. Сообщает эстет-младший точке над моей головой. И с фермы, уточняет отец, поясняя что рыбу, которую кормят дрянью невозможно взять в рот. Надо ловить самим, ту которая питается мошками. С трудом проглотив последний кусок, заплатив, идем дальше, в крепость, где их мало что интересует, благо повседневно. Искринка в глазах у чада появляется в винном магазине, где оно узревает на полке саблю на деревянной подставке. Гордо показываю купленную мной бутылку розе. Пфт. Мне презентуют саблю. Ее купили чаду, для того чтобы он мог ею лихо срубать пробки от шампанского на следующий день рождения. Только вот придется купить пару ящиков дешевого шампанского, чтобы потренироваться...С моей стороны беременная пауза...дочке такое даже не перевожу.

Видимо использовав весь запас энергии на это тихое удовольствие, эстет - младший сникает. Мне сообщают что пора ехать в отель и мне завтра утром дадут знать, хочется ему ехать в Европу - парк или нет. Горло болит. Мы с дочкой тоже сникаем и точке над моей головой ужасно хочется сказать какую- ни будь гадость, но она культурно и бессильно молчит и я ее не дергаю.

Да, еще, не смогла бы я поработать на той фирме. Побольше часов, за поменьше денег? Не смогла. Будьте проще, эстеты. Люди сами потянутся.

Как правильно воспитывать людей или во что мутируется общество

Сегодня ушли в отставку высокопоставленного немецкого политика Томаса Хартунга. Шефа центристской партии АфД. Образно объясню позицию этой партии. На прошлой неделе они опубликовали фотографию краснокожего индейца с надписью "Индейцы не смогли остановить иммиграцию. Сегодня они живут в резерватах". По моему все ясно. Партия, которой томагавк в рот не клади. Такие всем мешают. А так как право слова здесь в Германии, хоть в отредактированной форме, но еще существует, то заткнуть их тяжело. Но не невозможно. У левых есть универсальная пилюля - "политическая корректность". Это лекарство можно глотать целиком, но можно и раскрошив, разбавить в стакане сиропа, чтобы не было так горько и заметно. Работает безотказно.

Однако вернемся к Хартунгу. Он, после удачных выборов почувствовал себя на коне и, забыв про моральную полицию, решил не выбирая слов говорить все что думает. Ну разве так можно? Политику, да и правду. Тему герой выбрал под стать. Как по заказу. В порыве чувств нашел в и-нете очерк о молодом испанце с Трисомией 21(по-нашему:

"даун", что даже не является грубостью, а скорее правильным названием синдрома, обнаруженного доктором Дауном). Так вот этот испанский даун хочет быть первым учителем с такой генетической мутацией (заметим, он это хочет делать в Германии а не в Испании). Даже лозунг ему придумали "Я тоже это смогу!" Не знаю какая сивая кобыла лягнула этого Хартунга перетвиттать этот очерк с огромным портретом улыбающегося андалузца и надписью: "куда мы катимся?"

Я мало знаю об особенностях этой геномной патологии. Когда-то дочка писала работу по биологии на тему. И помню читала, что среди больных есть достаточно много талантливых и смышленых людей. В основном актеров (Крис Бурк и Андреа Фридман), спортсменов (Пола Сэйдж), есть даже несколько докторов наук. Точнее сказать два- Карен Задорней и Гиуси Спаньоло. Обе ученые женщины получили свои титулы в последние несколько лет (2011 и 2013г.г) и занимаются исключительно тематикой посвященной проблематике связанной с интеграцией людей с Трисомией 21 в обществе.

Не буду лезть в политическую трясину и обсуждать этику. Это делают достаточно многочисленные общественные фигуры, именующие себя "медицинскими специалистами по этике" (объясните мне кто-нибудь что это значит). Большинство из них, сами не имея больных детей, громко именуют решение 93% матерей избавиться от плода после позитивной диагностики, "евгеникой через аборты". Достаточно знать, что даже руководитель Ассоциации Синдрома Дауна, высказывается за перинатальную диагностику.

Но я не об этом. Каждый должен для себя принять решение с которым он может и хочет жить. Я о желании человека с таким синдромом стать учителем. Что в данный момент стоит на повестке дня зеленых политиков.. Об огромной ответственности связанной с формированием детской психики в раннем возрасте и о проблематике связанной с этой ответственностью. О коммуникативных особенностях, внешних различиях, о продолжительности жизни (в среднем 49 лет) и очень высокой возможности развития нейродегенеративных заболеваний (как например Альцгеймер) у больных с синдромом Дауна, и всей присущей этим заболеваниям симптоматике. О поведении сегодняшних детей и связанным с этим уровнем стресса, о их восприятии и реакции на все отклонения от нормы (как например отношение к очень полным или особенно неуклюжим одноклассникам). О уйме маленьких проблем связанных с моторикой, речью, проблемами со слухом - вещах, которые значительно влияют на образ жизни самого больного и его семьи, с которыми вдруг должны справляться дети или подростки, которые сами с собой толком справиться не могут. Сложный прогноз. Напоминающий мне чем-то легендарный "Yes we can!" Обамы. Политика убрали. Проблема осталась.

Призрачно все...

Я часто и интенсивно думаю о том, почему я не умею принимать помощи от друзей. Как тяжело быть сильной женщиной. И кому это, черт подери, надо? Черной завистью завидую дамам, умеющим легким движением руки уронить ажурный платочек, закатить глаза и схватиться за лоб, всем своим существом показывая окружению что им нужна помощь. И окружение как будто этого и ждет. Как верная собака, бросается в лужу у ног этих дам, подхватывая на лету платочки, охватывая рукой талию, чтобы не сломилась и заглядывая в томно закатившиеся глаза, трепетным голосом спрашивает: "Ну что ты из себя корчишь?" Нет, погодите, это оно спрашивает меня, а этих дам почему-то нет.

Меня мое окружение заломив руки видеть не привыкло. И ажурные платочки у меня не водятся вообще. Я умею вкручивать лампочки, двигать мебель и клеить обои. Ко мне окружение привыкло обращаться за советом во всех случаях жизни. Для решения любых вопросов. И для обвинения во всех неудавшихся предприятиях, так как в неудачах всегда виноват организатор. Так уж положено.

Вспоминаются мои первые впечатления о свекрови. 20 с лишним лет тому назад. Презрение при виде того, как она с видом великомученицы, двумя пальцами берет за хвост селедку и плюкает ее на стол с неочищенной картошкой в мундире, поданной правда на тончайшем фаянсе со столовым серебром. Нарезайте и чистьте сами, а я устала. Громкие жалобы о том, как ее утомляет бесконечная болтовня уборщицы. Ей сегодня 83 г-да. И я, смотря как она бегает по дому на высоких каблуках понимаю, что если и доживу до ее возраста, то на таких каблуках будет скорее бегать вокруг меня медсестра.

Почему, о почему, я не дожидаясь просьб, сама предлагаю делать вещи, заведомо сводящие меня с колеи на неделю? Не имея времени и сил делать того что предложила? Зачем, в ливень, везу ребенку за 14 км, куртку которую она специально оставила дома, чтобы не переть с собой? Ну холодно, поэтому. Но больше всего меня удивляет что сделав, принеся и обеспечив, когда в помощи нуждаюсь я, вместо того чтобы попросить, ухожу в подполье. Боюсь кого-либо побеспокоить своими проблемами. А побеспокоив в ответ на настойчивые вопросы, раскаиваясь ухожу еще глубже.

Окружение всегда реагирует предсказуемо. Оно сразу понимает что меня надо оставить в покое. И оставляет. Надолго. Одну с моими проблемами. Я с ними справляюсь. Одна, как всегда. И тогда понимаю, что если справилась когда мне было плохо, то когда мне хорошо, мне это окружение по большому счету, ни к чему.

Ну и? Это что, натура настоящей русской женщины? Вроде нет, у меня есть и подруги других национальностей, занимающиеся подобным маразмом. Которым надо объяснять что предлагаешь просто помощь. А не какой-то объект в обмен на букеты, подарки, чувство вины за возложенную на меня ответственность или пожизненное рабство. Так почему же так сложно просто брать? Привычка. Пример родителей, прививающих самостоятельность. Нежелание остаться в долгу и быть кому-то в тягость. Все хорошие, в принципе качества.

Мендельсон в своем "Иерусалиме" писал:" Прогресс существует для единичных людей. Но чтобы так же все человечество здесь на земле с течением времени постоянно двигалось веред и совершенствовалось, таковой цели, как мне кажется, Провидение не имело. По крайней мере, это еще не так очевидно и далеко не так необходимо для Провидения, как обыкновенно думают."

Что если это правда? Ведь как происходит сам процесс мышления, свойственный прогрессу? Пытаясь понять, постичь и вникнуть, мы создаем только иллюзию последовательности. На самом деле мы беспрерывно разделяем целое на части, для того чтобы постигнув их в отдельности, восстановить их в целом опять. Что я пытаюсь этим сказать это что действительность сама по себе непрерывна как лента кинематографа. Которая хоть и неподвижна в частях своих, в своем целом вполне правдоподобно создает иллюзию движения.

Эти части ленты - воспоминания, формируют и направляют. Их наверное можно назвать рефлексами или привычками. И в сути своей, не избегаемыми последовательностями. Для прогресса нам всегда на блюдечке с золотой каемочкой, подаются наглядные примеры в своих полюсах. Моя мама в Одессе, сидящая с мигренью за вышивальной машиной, потому что зарплата зависит от выработки. И моя свекровь, с ее бетонным причесоном, маникюром и каблучками. Два разных мира, которым никогда не суждено встретиться. И я, висящая где-то в середине, цепляясь пальцами за оболочки этих миров, пытаясь свести их вместе. Постоянная внутренняя борьба. Не хочу как мама, и не могу как свекровь. И это только влияние ближайшего окружения. Уже молчу обо всем остальном. Все это время я сама являюсь частью этой ленты для, допустим, моих детей, знакомых или даже чужих людей, попавших в мой мир совершенно случайно. Если вообще существует такое понятие как случайность в сценарии кинофильма.

I step aside

There are rare times, when it is possible to avoid the everyday trot and just mentally let go. Sadly those are few and far between. One of the possibilities is while traveling, for as a traveller you are more or less forced to leave your daily worries behind.

Trains are great. After the initial stress of finding out of home, getting to the station on time and fighting over your paid reservations in a silent zone, one can finally nest in his seat, spread stuff on the table, take a deep breath...and peacefully listen to other people's phone conversations. Those one can usually sum up with Martin Heidegger's famous question " Why is there "Being" instead of "Nothing?" Not that I have any choice. When the person next to me seems to successfully turn his lengthy conversation about Nothing into a "Being" with shape and density I feel I could easily kick him under the table. Oh, to him it is definitely Something, even if he cannot immediately do anything to affect the happening, so I get my earplugs out so I can think. That is allowed in a silent zone.

Hordes of people, much cleverer that myself, have dealt with the question of Being, the eternal problem. Nitsche once described it as a problem simultaneously concerning an elephant grazing somewhere in the forest of India and a chemical heat process on Mars. Once it becomes clear that this is an understatement in itself, lots of other things tend to become blur. Like hectic. There must be a reason why stress makes us sick. Something should. Otherwise we would live forever and this is not foreseen. The grain of sand, which is our planet in the Universe, has space for only limited amount of inhabitants. No matter how clever we will get, no matter how advanced, we still have to make space for others. And so as medicine and science progress, we humans stay the same, with only scant adjustments from the point of view of the evolution. And despite all the clever tricks we invent to cheat time, nature doesn't care. Time, although a term invented by us to measure how long we have got left, mercilessly goes by and eventually, brings everything into perspective.

I am sure, my grandmother, and hers too, had loved, were afraid, cared and hated. Yet all those things that were their emotions and anxieties have disappeared without a trace. Everything they deemed important and held sacred had seized to be. Today I am. What moves me leaves my children indifferent. Would it change if I stepped aside and just watched it go by? I tell myself that it would, but is it really so? I tell myself that I make a difference. The guy next to me does too. Should I tell him that it's not true? I step aside.

Содержание

Мда 1
Запах сирени 2
Что скажут люди или как мы видим окружающий нас мир 4
Абелярды и Элоизы 6
Смысл жизни 9
Психология творчества 10
Кому мешает морда святого лица и почему? 12
Без названия 16
Зачем нам все это надо? 18
Обещанное Лере про босса в X 19
Фрайбург 27
Недоступное сделать доступным 29
Далее к теме "Недоступное сделать доступным" 31
Давайте подумаем 35
Лючия 37
Парадокс 41
Опасная идеология "Эгалитаризма" 43
По жизни 46
Дальше по жизни 50
И ещё 52
Костюм и шляпа 53
Как сесть на диету 56
Куда уходят друзья 58
Эстет 60
Как правильно воспитывать людей или во что мутируется общество 62
Призрачно все... 64
I step aside 67

Herstellung und Verlag:
BoD - Books on Demand, Norderstedt
ISBN 978-3-7386-1253-0